神と人間

安心立命への道しるべ

五井昌久著

五井昌久（1916 ～ 1980）

と天地一体、神我一体、空即実相《くうそくじっそう》の調和せる心境に到達し、すべてを捨て、すべてを獲得《かくとく》し得る自己に生まれ変わっている時、この地上世界の業因《ごういん》は烈《はげ》しい業縁《ごうえん》にふれ、第二次大戦勃発《ぼっぱつ》、そして終結、日本の敗戦、第三次大戦への冷戦様相と、しだいに人類破滅へと押し流されようとしている。

はたしてこの世界はいかになりゆくのであろう。聖書《せいしょ》の予言の如く、最後の審判《しんぱん》の日が近づいたのであろうか、人類の大半が死滅する時が迫《せま》りつつあるのであろうか。

社会、国家、人類世界を、押しまくり、吹きまくる因縁業火《いんねんごうか》の前に、個々人の調和への願い、大平和への理念は、甲斐なき力なのであろうか、天なる神ははたして人類を救い給うであろうか。

現在人類のすべては、これらの不安に怯《おび》え、明日への希望を抱き得ず、迷いに迷ってゆくところを知らぬ有様である。

この時にあたり、私は、人間が自己の本体をしり、神とつながり得たならば、人類はかかる不安昏迷《こんめい》の域《いき》を脱し、真《しん》の安心立命の境地に達することができ、やがては世界平和を樹立し得ることを信じ、神《かみ》、霊《れい》、人間、業《ごう》、因縁などについて、最もわかりやすく説き明かさんと思い立って、この書を認《したた》めたしだいである。

私という人を知っている方は勿論、私を全然知らない方にもわかっていただけるものと確信する。

昭和二十八年三月

著　者　識

目次

扉・題字／著者

一、はしがき

古代より幾星霜《いくせいそう》、人類は常に完全なる平和を夢み、希求《ききゅう》し、熱望しつづけてきた。争いなく、恐怖なく、悲しみなき愉悦《ゆえつ》そのものの世界、貧《ひん》なく、病なく、別離《べつり》なき世界。

こうした願望は、釈迦《しゃか》、キリスト、マホメットを始め、世代、世代に幾多の聖者を育て、芸術家の名を残さしめ、思想家、政治家、学者、発明家と、縦に横に大きな広がりをみせつつ現代にいたった。現代こそ文明文化の華《はな》開き、あらゆる思想も泉を枯らしたと思われるほどの世界である。

さて、こうした文明文化の世にいたったのに、この現代世界の人びとは依然として、完全平和から遠く、闘争あり、恐怖あり、悲哀あり、老病貧《ひん》苦《く》あり、別離ある、不安定の生活状態に息づいているのである。これはいったいどうしたということなのであろう。形の世界における古代と現代との状態は、天と地ほどの差異《さい》があることは考える余地のないほど明らかで、文明開化は生活様式の便《べん》を極度に利益したのである。その便利さだけをみれば現代に生活する人びとは、天国浄土に生活する幸福を感じなければならぬはずである。しかし現実はどうであろう。生活状態の進化は確かに肉体的活動を容易ならしめ、安楽《あんらく》感を与えてはいる。だがそのような安楽感では、人類世界のもっている不安定を消しとめる力とはなり得ない。形こそ違え、いつくずれるかも知れぬ精神の不安を日々味わいつづけていることにかけては、非文明の時代と少しも変わりがないのである。ガス、電気、水道、汽車、自動車、飛行機、欲するものはほとんど金力をもって手に入れることができ、欲求《よっきゅう》を充たすことができるこの現代の生活が、どうして非文明時代と同じように、不安定な精神状態に人間を置くのであろう。

それは、現代の生活も古代と等しく、確固たる基盤を持たぬ生活であり、明日にも一瞬に破壊される生命の危機にさらされる生活であることである。戦争、天災、病苦、そして生活の不平等、それに最も根本的な、肉体滅亡への恐怖、これらの問題を解決しなければ、いかに表面的な生活状態の改善がなされても、一向に人類の幸福はもたらされぬのである。とはいえ、戦争、天災、病苦、死苦、それらの諸苦を消滅しうることがはたして可能であろうか、可能であると私は答える。先哲、釈迦、キリストはそれらの諸苦を超越し、みずからの体験をもって弟子を教え導いたのであり、弟子たちはその教えをいい伝え書き伝え、それが仏典となり、聖書となって、現代に至るまでの精神界の光明となり道標となってきたのである。仏典といい、聖書といい、ともに人類救済の原理が書かれているのであって、その説かれたる通りの行いを人類のすべてが行ずれば、必ず地上天国が実現するのであるが、不幸にして、人類はこれらの教典を単に精神の糧としたのみで、行いにまで及ぼすに至らなかった。いいかえれば人類のほとんどが、二聖者の真意を解し得なかったのである。しかしこれら聖者の及ぼした影響は、人類の心の底に深い根を下《おろ》し、しだいに強い光となって現われようとしているのである。

人類の業因《ごういん》は、今まさに大きく自壊《じかい》し、真理の光が燦然《さんぜん》と輝き出でようとしているのである。真理（神）につらなる者は残り、しからざる者は滅びるという聖者の言葉の実現を前に、私は神と人間との関係、霊、魂魄《こんぱく》、生前、死後などにつき、でき得るかぎり詳《くわ》しく述べ、人間生活の在り方、幸福生活への真の導きを書きつづることとする。

二、神と人間との関係

人間とはいったい、いかなる者であろうか。

この問にたいして、はっきりかくかくの者であると答え得る人ははなはだ稀《まれ》なのではあるまいか。一見なんとなく考えすごしてしまうこの問が、人間世界の幸福を創りだす最も根柢《こんてい》になる問題であり、最もむずかしい答なのである。人間とはいかなる者か、我とはいったい何か、これがわかった時、その人は永遠に救われ、多くの人間がこの問に答え得る時、人類は救われ、地上天国の実現が見られるものである。

今迄に幾多の哲人、宗教家がこの問題に立ち向かい、あるいは百パーセントその問題を解明し得て覚者《かくしゃ》となり、あるいは半《なか》ば知り得て学者となり、あるいは誤り解してみずからの肉体生命を断ち、あるいは唯物思想家、唯物行動家となって、世界をますます混乱せしめた。かくて人間の本性を識り得た人が時代別にすると僅少《きんしょう》であったため、現代にいたるまで人類は混迷をつづけてきたのである。

私はここで、ひとまず、私の信ずる、救われに入る人間観を、簡単に述べて、しだいに本題に入ってゆきたい。

人間は肉体のみにあらず、肉体のうちに、生命となって活動している何かがある、と認識して、そうした方向に生きている人。それは天国への階段を一歩踏み出した人である。

人間は霊が主であり、肉体が従である、という思いに入った人。これは同じ階段を二歩三歩昇った人びとである。

人間は神によって創《つく》られた者であって、あくまで神の下僕《しもべ》である、と、ことごとに神の審判《さばき》を恐れつつ、しかし行いを謹《つつ》しんで神にすがっている人びと。この人びとは、真の人間観からいまだ遠いが、他人を傷つけぬ場合は、天国の階段を昇り得る。

人間は神によって創られた被造者《ひぞうしゃ》であるが、神は愛であるから、愛の行いを積極的にしていれば、決して自己に不幸はこないのである、と確信している人。この人も天国の階段を昇っている。

神のことも、霊のことも、特別に考えぬが、ただ、ひたすら、素直な明るい気持ちで、愛他行《たぎょう》をしている人。この人も天国に昇り得る。

肉体界以外のことは知らないが、素直な明るい気持ちで、愛他行ができ、しかも、神仏の存在を信じ、あわせて、この地上世界が必ず善くなることを信じて生活している人。この人は天国の住者である。

人間は霊であり、肉体はその一つの現れであって、人間そのものではない。人間とは神の生命の法則を、自由に操《あやつ》って、この現象の世界に、形の上の創造を成し遂げてゆくものである、と識《し》って、それを実行している人。この人は覚者《かくしゃ》であって、自由自在心である。即ち、個の肉体を持ちながら、みずからが、霊そのものであることを自覚し、その霊とは神そのものの生命であることを識り、神我一体観、自他一体観を行動として表現してゆく人、例えば、仏陀、キリストの如き人びとである。

真の人間を知るということは、神を知るということと一つである。いかに神、神と神を追い廻しても、その人の行いが愛と真心《まごころ》にかけていては、その人は真の人間をしらぬのであるから、救われるわけがない。

人間の尊いのは肉体が偉大だからでもなく、肉体の知識が秀《すぐ》れているからでもない。肉体の知識が多いのはよいが、あくまで、それも人間の本性《ほんしょう》、霊的智慧、いわゆる神智を元にしていなければ、かえって人類を不幸に陥《おとしい》れる。唯物論者の行動が非常に理論的に巧緻《こうち》でありながら、それを行動にうつすと、社会を不穏にし、世界状勢を不安動揺せしめてゆくのは、神智によらないからである。即ち人間はいったいいかなる者かを知らないからである。

昔の私がそうであったように、世界の人びとの大半が、人間とは肉体そのものであり、精神とは肉体の中に存在する、ある機能の働きである、と思っている。

人間とは五十年、六十年、この社会に生存していて、後は灰になり無になってしまうものと思っている。死んでしまえばそれまでのもの、と思いこんでいる。

はたして人間は肉体の滅亡をもって、最後の終止符《しゅうしふ》になるであろうか。私は即座《そくざ》に、否《いな》と答える。

なんとなく偶然《ぐうぜん》にこの世に生まれ出て、食べたり飲んだりして肉体を維持し、ただなんとなく、社会生活を営《いとな》んで、妻をめとり、夫に嫁し、子を生み育て、そして死んでゆく。人類の大半はこのような生活を繰り返して、今日にいたっているのであるが、それでは済まない、何か漠然とした不安の想いが、その大小にかかわらず、人びとの胸の中に去来《きょらい》しているのではなかろうか。このような生き方ではあまりにも無意義であり、無目的でありすぎる。このような生き方の他に、何かある。何があるかわからない。わからないが、またわかろうと積極的に思わない。こうした想いが一般人の心であって、その中の少数の人たちが、そのままで済まされずに、社会改革に乗り出し、思想活動に加わり、また一方の少数人は自分自身の心の内面に立ち入って、深く突きつめ、神を知り、霊を知るにいたる。ともに現況《げんきょう》における心の苦しみを突き破ろうとしての動きなのである。

大衆は流れているのである。時間の動きとともに、人類業生《ごうしょう》の烈《はげ》しい渦の中を右に左に流されてゆくのである。

その場、その時々の喜怒哀楽《きどあいらく》、渦をつかんでいったい何になろう。それが、こよなき歓喜《かんき》のように見えたとしても、渦は、はかなく消えてゆくものである。

形あるもの、それは形なきものの影である。形あるものが、形あるそのままで見えるようでは、その人は救われない。形あるものの形のみを変えて、社会改革を実現したとしても人類は救われない。形、型、組織、制度、と形の世界、物の世界のみに固着《こちゃく》した眼をもった思想は人類を滅ぼしこそすれ、救うことにはなり得ない。

人間とは肉体だけではないのである。神、すなわち宇宙に遍満《へんまん》せる生命が、その創造せんとする力が、個々の人格に分けられたもので、しかも横においてつながり合い、協力し合って、その与えられた力を、縦横に、自由無礙《むげ》に発揮《はっき》し、形ある世界に、完全なる神の姿を画《えが》き出そうとしている者である。

神とは宇宙に遍満する生命の原理、創造の原理であり、人間とは神の生命を形ある世界に活動せしめんとする神の子なのである。

このような、神と人間との関係を知り得たならば、この現象世界のいかなる変動の中にあっても、動揺せぬ生き方ができるようになるのである。

そこで各章にわたって、でき得るかぎり詳しくこの関係を書き綴るつもりである。

三、実在界・霊界・幽界・肉体界

さて前章においては、総括《そうかつ》的にやや抽象《ちゅうしょう》的に人間の説明をしておいたが、この章では、もっと具体的に突き進んで、人間とはいかなる者かを述べてゆきたい。

ある一部の宗教家は、人間業生《ごうしょう》説、因縁説を説き、人間は常に因縁因果《いんが》の世界から抜けきれぬとしているが、私はここではっきりと、人間は本来業生ではないといい切りたい。業生である以上、人間はいつ迄も輪廻転生《りんねてんしょう》しなければならぬし、苦楽混合《こんごう》、否《いな》苦多く、楽少なき生活をつづけなければならぬことになり、一向に救われぬことになってしまう。これでは人間としてこの世に生まれてきたことがまことに不幸であり、神とか仏とかの存在価値がなくなってしまう。現象《あらわれ》の世界は確かに因縁因果で動いているようだが、その底を流れている強い神への憧《あこが》れ、仏への思慕《しぼ》を思うとき、人間の本性の中に明るい光明をみないわけにはいかない。私は人間の霊性を深く追求して、人間と神との一体を観じ得た。即ち人間は神の子であり、神そのものでさえあるということである。私が霊覚で悟り得た人間の発生について説いてみたいと思う。

人間は本来、神からきた光である。光は即ち心である。神は、すべてのすべてであり、無限の智慧、無限の愛、無限の生命であるけれども、神そのものが、神そのままの姿で動いたとしたら、形の世界には何ものも現われてはこない。無限がそのまま動いたとしても、無限はいつまでも無限であって、有限にはならない。一つがいくら動いてもやはり一なのである。無限が幾つかの有限になり、一が自己分裂して二になり、四にならなければば、形の世界は創造されない。

この光そのものである神がある時、突然その統一していた光を各種、各様相に異なった光として放射した。この時から神の創造活動が始められたのである。神まず天地に分れ、そして、その一部の光は、海霊《うみだま》、山霊《やまだま》、木霊《こだま》と呼ばれ自然界を創造し、活動せしめ、その一部は動物界を創造し、後の一部の光は直霊《ちょくれい》とよばれて人間界を創造した。（第一図参照）

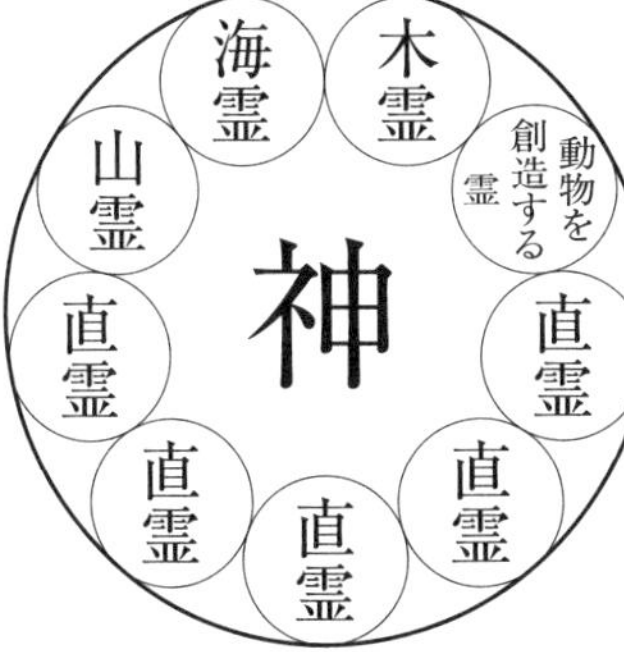

第一図

ここにおいて神は、一であり、多であることとなり、一即多神となるのである。

さて、人間の直霊《ちょくれい》、即ち神の一部の光こそ、私が前章より書きつづけている人間そのものなのであって、この時にはいまだ業因は生じていないのである。

この直霊が動き出《い》でて各種の光の波を出だし、霊界を創り、各分霊となり、各分霊が直霊より分けられたる光（心）により創造力を駆使《くし》して幽界を創り、肉体界を創造して、ある時は幽体という衣だけ着て幽界に生活し、ある時は幽体をつけたうえに、肉体という衣をつけて肉体界の創造活動を営んだ。霊体が中味とすれば幽体はシャツであり、肉体は上衣である。この三つの体はいずれも光の波動でできているのであるが、肉体はその光の波が非常に粗《あら》く、流れる速度も遅く、その波は重い。分霊は、精妙《せいみょう》な光であり、本来自由自在に動きうる波動をもっているのであるが、肉体界に出入りするうち、いつとはなく肉体の鈍《にぶ》い動きに同化されてきて、しだいにその精妙さが失われてきた。始め、肉体界をつくり、そこに神の創造を形づけようとして活動をつづけていた各分霊は、さながら繭をつくって、その中に閉じこめられた蛹《さなぎ》の如き状態に陥り、しだいにその光波が濁《にご》っていったのである。それはちょうど、流れの早い川は澄み、流れの遅い川は濁っている、のと同じ原理である。やがて、各分霊は自分たちの親である直霊にむける念を疎《うと》んじ出し、それまでに幽体と肉体に蓄積されていた光の波（念）だけに重点を置いて、楽な創造を営もうとしはじめたのである。ここにおいて人間は、肉体界の生活を主とした自己限定をするようになっていったのである。分霊の創造の始めにおいておこされた想い（光の波動）は神より来たる本来因果（真善）であったが、肉体界に自己限定を始めた頃より生じた想いが業因となって、人類の悲劇が始められたのである。

即ち、自己限定した各分霊は、お互いの不自由性を解放しようとして、縦である直霊にむかわず、横につながる兄弟姉妹である分霊魂から、その自由を得ようとし始めた。即ち縦取りをしないで横取りをしはじめたのである。そして、幽体及び肉体に蓄積された想い（知識）並びに腕力を使い合って、闘争の歴史を繰りひろげていったのである。しかし時折り、みずから閉じ込め、今は閉じ込められた肉体の隙間から、神の顔をその光明をちらりと観《み》ては、蓄積された想念の中から、かつての自分の光を見出し、直霊にむかって救いを求める祈りの絶叫を挙《あ》げるのである。これが信仰心の始まりであった。これまでの状態を図解して説明

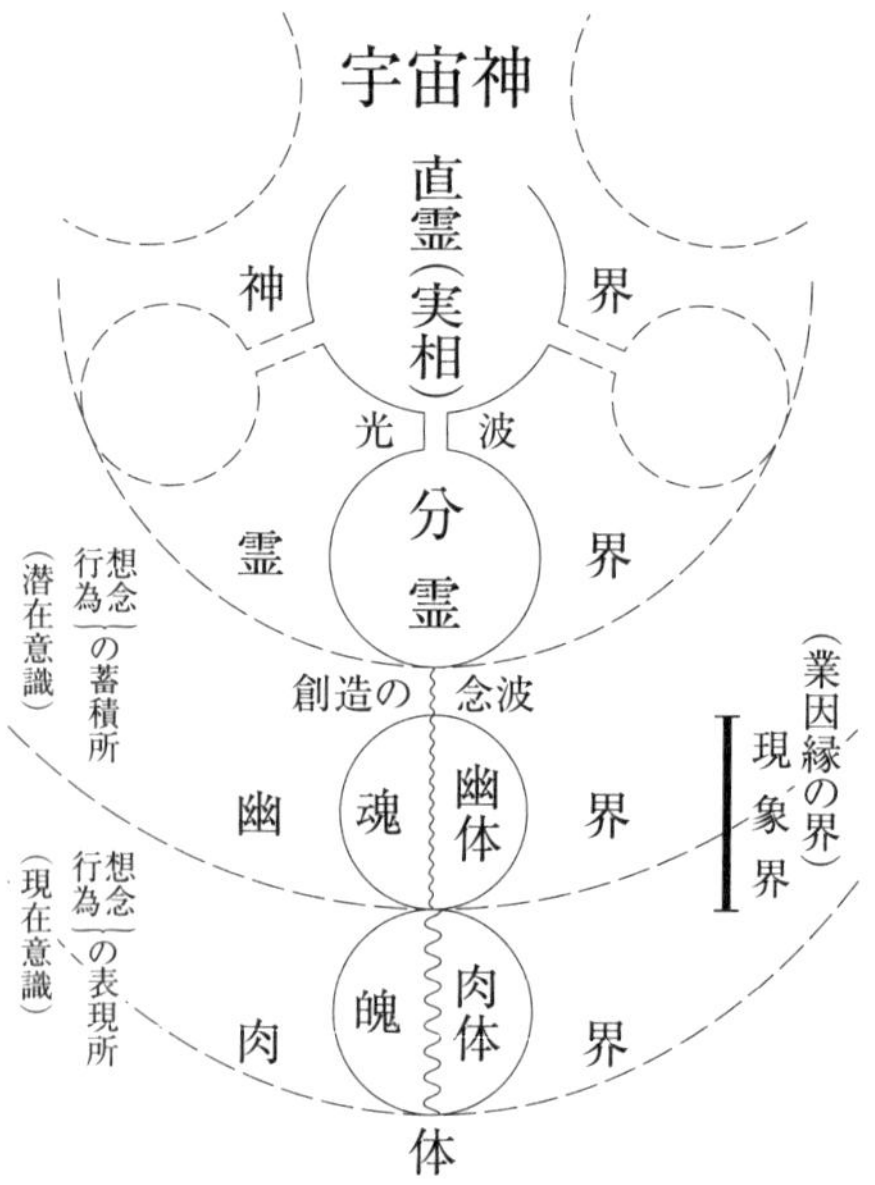

第二図

しよう。（第二図参照）

第二図の如く、各分霊は霊界に所属しながら、その心（念）をもって各幽体を創造しここに幽界ができた。この幽体は各々の念が記録される場所となる。即ち業因縁の蓄積所である。ここに蓄積された記録や記憶が肉体の頭脳にキャッチされ、考えとなり行動となってゆく。この蓄積された記憶を潜在意識といい、頭脳にキャッチされたものを顕在意識という。怒ろうとせぬのに怒ってしまい、不幸になろうとせぬのに、不幸になってしまう等々、すべて潜在意識（幽体、幽界）からの意識の流れによるのである。この波が常に転回し、不幸の念の蓄積は不幸を呼び、喜びの念の蓄積は喜びを呼ぶという風に、輪のように転回してゆくので、これが業の因縁、因果と呼ばれている。このことは後の章において述べることにして、また分霊の説明にうつる。

分霊が最初に幽体、肉体を創造したのは、神が天地、山、海、草木を創造し、動物の創造を司る神霊が動物を創造した、その創造過程が、霊、幽、物質としだいにその光波を物質化した。いいかえると、エーテル、微粒子、原子（電子、電磁波）としていったと同じ原理で、直霊が各分霊に自己の光を分け与えて、肉体人間の創造を山霊、海霊、木霊、動物を司る霊等と協力して、なさしめたといえるのである。従って人間（霊）が光波ででき、肉体が原子からできていることと、自然界の法則とは範疇《はんちゅう》の異なった、等しい原理によるといえよう。ただ大いに異なることは、山海草木も動物も創造されたるものであって、自己意識、我（知性）を持たぬが、人間は、創造者である分霊そのものが、肉体にあって、たゆまざる自己創造をつづけていることである。これは重大なることであって、釈尊かの言葉に〝人《じん》身《しん》得《え》難《がた》し〟とあるのは真《まこと》である。動物は神に隷属《れいぞく》されたる物、人間は神そのものの分霊であること、本来自由自在なる者であることを、よくよく考えて感謝しなければならない。

さて霊・魂《こん》・魄《ぱく》として三界《さんがい》に活動している分霊はしだいに肉体人そのものになってきて、肉体外の六官（直感）直覚（神智）の衰えを見せ、すべてを五官の感覚にのみ頼ることが習慣づけられ、五官に触《ふ》れぬものは無いものと思うようになり、人間とは肉体であり、心（精神）とは、肉体の機関が生み出した働きであるとして、分霊の活動は分霊そのものとしては感じられぬようになっていった。しかし、分霊と分霊とが本来は神においては一つの者であったことが幽体に記録され、記憶されているのが意識を超《こ》えて思われ、肉体においては、はっきり個々に分れていながらも、お互いが、お互いのことを思いあう感情、愛は消えることはなかった。この愛の狭い範囲の働きは、親子、夫婦、兄弟の間に、ひろくは、人類、社会の範囲に及ぼされている。愛こそ神へつながる道であり、光であり、本来の自己を見出すただ一つの感情、行為であった。

分霊は物質の世界、形の世界において、己れ自身の本来身、光（神）を忘れかけながらも、心の底から湧きあがってくる、人間本来一つの光の理念が、愛の思いとなり行為となって、わずかにその光を保っているのであった。

神の心を愛と呼び、業因の働きを執着《しゅうちゃく》、と呼び、この二つの心が、人間の生活を、幸と不幸とに分けていこうとしているのである。

四、守護神《しゅごじん》、守護霊《しゅごれい》について

前章において人間本来神性であることを説明したが、現実として一番問題になるのは、人間ははたして業の輪廻《りんね》を越え得るか、越えるためにいったいどうしたらよいのか、ということなのである。

本来性でないといっても一度《ひとたび》生まれた業因《ごういん》は、縁となり果となり、また因《いん》を創り縁と結び果となって、はてしなく転回して、この現象は業生の世界と成り終わせているように見える。確《たし》かに分霊が肉体の因縁の中に閉じこめられた現在、各分霊だけの力でこの因縁を越えることはなかなか容易なことではない、というより不可能に近いことを思わせる。何故ならば、一度発した念《おもい》は必ず、その出発点に還《かえ》る法則となっていて、この発した念即ち業因は還《かえ》って果となり、因果《いんが》の波は時を経るにつれてしだいにその層を厚くし、分霊の肉体我を牢固《ろうこ》としてぬくべからざるものにしていったからである。肉体我は粗《あら》い波動の波が起こしている自我であり、肉体という物質によって、自己と他とを区別しているものであって、まず各自が己れを守ろうとする意識を起こすため、どうしてもお互いの利に反することが起こると、その利を守るために争わざるを得なくなる。ましてこの分霊が陰陽に分裂して男女となり、肉体人口が増えるにつれて、肉体我は自己と自己の一族のみを守ろうとし、いよいよ業因を深めてゆき、この業因の隙間から神の光が差しこまぬ以上、人間は本来の神性に目覚め得ぬような状態になっていった。

この時、神（直霊）はこれを知って、分霊の救いのために新たなる光を放射した。これを守護神と呼ぶ。この守護神の光によって、最初に幽界、肉体界を創った分霊は救われ、各子孫の守護の任についた。これを守護霊（支配霊・コントロールともいう）と呼んだ。この守護霊の中には正守護霊と副守護霊とが定められた。

守護神は常に多くの守護霊の上にあって、守護霊に力を添えていた。各正守護霊はしだいに一人の肉体人間に専属し、その主運を指導してゆくようになり、副守護霊は、おおむね、仕事についての指導を受け持つようになっていった。直感とか、インスピレーションとかいうのは、これら守護霊からくる指導の念《ねん》である。これは普通は自然的行動のように行われ、何気なくある家を尋ねたら、よいことがあった、とか、ふと左に歩を運んだとたんに車がすれ違って、危うく難を除《のが》れた、とか、というように日常茶飯事の何気ない行為として守護している場合が多い。

このような組織状態が現代までつづいているのである。人間とは一般の人びとが思っているような肉体だけのものではなく、このように複雑な組織をもつ者なのである。ここで私は肉体の生死について述べてみたいと思う。

〝人は死んだらどうなる？〟〝生まれる前にはいったいどこにいたのか？〟この二問題は今まで述べてきたことによって、大体わかっていただけるとは思うが、さらにくわしく具体的に述べたほうが、因縁因果を越えて、神性を顕現する道に近づきやすいと思うので述べることにする。

現代人の大半は、死んでしまえばそれまでである、と肉体消滅によって人間の生活は終了する、と思いこんでいる。この考えほど、人間の神性を隠蔽《いんぺい》するものはないのである。

肉体が死ねば確かに肉体は人間の原形をとどめず、灰になってしまう。肉体という形は消滅し去る。肉体人間の眼の前から、その人の姿は永遠に消え去ってしまう。しかし、はたしてその人は再びこの肉体界に現われることはないのであろうか。

肉体が消滅した、ということは、肉体細胞の分離をいうのである。肉体は何兆という細胞が種々の要素を仲介として組織体となっているもので、いいかえれば、分霊の放射した光波（念）が、宇宙の物質要素と結合して、創りあげたもので、分霊の光波（念）がそれらの物質要素に働きかけなくなれば、自然にこの組織体は解体してしまうのである。

もっと端的にいえば、分霊が上衣である肉体をぬぎ捨てたのであり、着手のなくなった上衣は、もう必要がなくなって焼かれてしまった、といえるのである。

上衣が破れたからといって、着手が滅びてしまった、という人はいない。ただ着手であり中味である分霊が、下着である幽体を着けたまま、別の界層に移転した、ということなのである。いいかえると、真の人間は死滅したのではなく、肉体界を離れた、のみである。私はこの肉体要素を魄《はく》とよんでいる。

肉体を離れた分霊は、ある期間、幽界において生活する。ここの生活は、肉体界の波動より細やかな波動の世界で、大体肉体界と同じような生活を営む。ただしこの世界は想うことがすぐ現われる世界であって、肉体界のように、念じたことが、なかなか現われぬ世界とは違う。想うことが直ぐ現われるということは、ありがたいようでなかなかありがたくなく、よほど心が整《ととの》い、浄まっていないと、非常に苦労するのである。何故ならば、肉体界においては、相手を憎んでいても、顔に現わさねば、なかなかわからないし、ちょっとだましても、すぐにはわからない。一生わからないこともある。しかし幽界においては、喜怒哀楽とともに、すぐにその結果が起こり、憎む人はすぐ憎みかえされ、だます人は、すぐだましかえされる。憎み、悲しみ、恐れ、不正直、こうした想念は、すべて直ちに苦しみの種となり実となる。

こうした体験を経て、肉体界から持ち越して来た悪想念、悪行為の習慣

（業因縁）、これはすべて幽体に記憶されてあり、記録されてある。これらを浄めるべく努力することにより、その昔より、高い人格となり、よい因縁となって、肉体界に再生する。今度は以前より立派な生活が肉体界において、営まれるのである。かくして何度か再生し、悪想念、悪習慣を矯正《きょうせい》して、やがて直霊と一つになってゆくのである。この幽界における分霊を霊魂といい、肉体界にいる期間を、魂魄《こんぱく》という。いいかえれば、霊とは神であり、神性であり、魂魄を因縁性とよぶのである。従って、分霊は、霊界に本住する神でありながら、因縁世界に降《くだ》っては魂魄であるといえるのである。

人間は本性としては、霊（神）であるので完全円満であり、生き通しであるが、分霊の念波から生じた業生は、業因縁となり、幽界、肉体界を輪《りん》廻転生《ねてんしょう》して生まれ変わり死に変わりするのである。仏教でいわれる、人間本来仏性なり、とは、どんなに業因縁の迷路にいる人間でも、その中味はすべて仏のいのちである。私流にいえば、分霊の光であり、直霊の光であり、宇宙神そのものの光（いのち）である、というのである。

人間の性は善なるや、悪なるや、と今までに多くの人びとが、性善説、あるいは性悪説を唱え、論じあってきたが、人間の本来性には善も悪もない。人間はただ無限の光（神）の創造性を行動に移し、神の姿を客観的に現わそうとしている者であって、悪といい善というも、全面的に神が現象界に現われるまでに織りなす光と影の交叉であり、悪（影）と現われている姿、行動も、より大いなる善（光）を現わさんとする一瞬であり、善と現われている姿、行動すらも、より偉大なるすべてを含めた善（光）を現わさんとする過程の一瞬である。

初めに分霊が、宇宙神の創造を顕現するため、その創造性を光の線と彩《あや》なして、幽界肉体界を創造してゆく過程において、みずから発した念波の業因の中に、しだいに自己の本性を見失っていったことは、前章においてすでに説明したのであるが、これは一見、無限の智慧の持主である神の行為の失策の如く見え、この点を疑問に思う人びとが多数あると思うので、この点についてちょっと説明してみよう。

これは、さきに述べた光と影、善がそのまま善ならず、悪がそのまま悪ならずの説明と同じ原理である。即ち、分霊は、一度《ひとたび》は、肉体の業因縁の中にもてあそばれ、自己の本性を見失ったかのように見えるが、これは、直霊が分霊に命じて、宇宙神の創造を現象界に写し出そうとしている過程にすぎないものである。

しかし、かかる過程にあって苦悩している分霊を救い、肉体界を浄め、宇宙神の意志そのものの世界とすることが、直霊の最初からの計画であった。そこで、各直霊は自己の光を分けて、分霊たちの守護神となし、守護神は、最初に肉体界の創造にあたった分霊たちを、業因縁の波から救いあげた。この分霊たちは、守護霊となり、守護神に従って、ひきつづき肉体界に働く後輩の分霊たち、いわゆる、子孫の守護にあたることになった。そして分霊の経験の古いものから、順次に守護霊となり、ついには各人に、必ず一人以上の守護霊がつくまでになって、今日に及んでいる。（第三図参照）

従って、原始時代より、闘いにつづく戦い、苦悩につづく苦悩の歴史が、繰り返され繰り返されて、現代にいたってもまだ、戦争への恐怖、老病貧苦の地獄絵の時代はつづかんとしているが、この間、種々と人類に貢献せる聖者、偉人が数多《あまた》あったことは、分霊である人間が、守護神、守護

第三図

霊の働きを悟り、これらと協力して、活躍したことを物語るものである。この力は、精神文化、物質文明の発展に寄与することが大きく、守護神、守護霊と、分霊の交流が、更に著《いちじる》しくなってくれば、この世界が真の発展に進むことになるのである。しかし、現在はまだあくまで過程であって、この段階をすぎた未来において、肉体人間の世界が、神の計画通りの、完全調和せる光明世界になることは必至である。それ故、現在の状態が、いかに破滅に瀕せんとする如く見えようとも、決して悲観することも、絶望することもないのであって、各人はひたすら自己の本分を全《まっと》うしていさえすれば、必ず、自己も救われ、世界も救われる日が来るのである。私は、その日の近いことを確信してやまない。

五、因縁因果を超《こ》える法

次にはいかにしたら一日も早く、業因縁の波を解脱《げだつ》し得るかを説くこととする。

解脱するためにあらゆる難行苦行をした昔の求道者《ぐどうしゃ》は、その意志において偉大なるものがあったが、私は現代の人にそれを求めようとは思わない。また、山に入り、滝にあたり、断食をする等の行は、今日の人びとには生活環境からいってなかなかむずかしいことであって、ほとんど大半の人びとが実行し得ないことである。

業因縁、即ち、物質（肉体を含む）を実在と観ている誤謬《ごびゅう》からくる、物欲、色欲、執着欲、これら種々の欲望を消滅し去ろうとして肉体に与えた苦行も、方法が誤っていれば、効果が少ない。私は肉体に敢《あ》えて特別の苦行を与えず、与えられた生活環境をそのまま生活として行じてゆく普通人にでき得る解脱の道を説きたいのである。その道は私自身を現在に成し得た道なのであるから。

〝悟ろうとすればまず欲を捨てよ〟とか、〝あなたは短気だから、その短気をなくせばよい〟とか、〝その執着を断つのですよ〟等と簡単にいう人があるが、この人は人間の業因縁というものが、いかに根深いものであるかを知らぬ人であって、指導者にはなり得ない。

また、人間の世界は思う通りになる世界である、という念の法則を、現在だけの肉体界の念と解釈して、

〝相手を拝まないから、相手が悪く現われるのですよ。あくまで相手を拝みつづけるのですよ。〟とか、

〝夫がなんといおうと、あなたはあくまで、素直に夫に従うのですよ。ぶたれても、叩かれても素直に従うのですよ。みんなあなたの心の影なのです。〟とか、

病気で苦しんでいる人に向かって、

〝あなたの心の中に休みたい心、楽をしたい心があるから病気になったんですよ。真剣に働く心になればなおりますよ。〟とか、

〝ぶつぶついうからおでき（腫物《はれもの》）ができるのですよ。〟

〝刺すような心があるから神経痛になるのですよ。〟

等々、すべての想念は、その想念のごとき形を現わす。悪を想えば悪を生じ、善を想えば善を生ず、という心の法則を、人を責め、審《さば》くことにのみ使っている人びとが、宗教や修養をやっている人たちに非常に多数ある。

私は、これは実に困ったことだ、と思うのである。

幽界や霊界においては、その想念は直ちに現われ、その念は、すぐに自

分自身にかえってくるので、どういう念が、どういう風に自分にかえるかが体験としてわかるのであるが、それでさえも、なかなか、その業因縁の念を消すことができがたいのである。まして非常に粗《あら》い波の体《からだ》をもつ肉体世界の人間の、しかも、その人間と相手の間にある業因縁の種類さえも知らず、ただたんに一般論の心の法則だけを利用して、指導しようとすることは実に危険なことであって、かえって相手の進化を妨《さまた》げ、浄化を乱《みだ》すことになるのである。

〝人を審《さば》く勿《なか》れ〟

〝愛はすべてを癒《い》やす〟

〝神は愛なり〟

私はキリストのこれらの言葉をその人びとに与えたい。

自己の功名心の満足や、知識に偏《へん》した愛薄き人びとによる人間指導ほど逆効果なものはないのである。

愛深き人のみ、人間心理の指導者たり得るのである、と私は強くいいたい。

業因縁は過去世《かこせ》の過去世から流れつづいている波の連続である。この五十年、六十年の肉体にのみあるものではない。まして、各人の肉体的環境（病気や幸、不幸）がその間の二年や三年に起こした念《おもい》の現われとして、できあがったり現われたりしたものではない。誰が見ても立派な心の人が不幸になっており、どこから見ても悪いように見える人が、人も羨む幸福を得ている例は枚挙《まいきょ》にいとまがない。

だから、簡単に人を責めたり、審いたりすることはできないのである。

人間はそれぞれ、各種各様の因縁の心を持っていて、Aの善なる生き方を、Bが必ずしも真似られるものではなく、Bが何気なくできる善行為をAがその通りにできるものでもない。一字、一線においてさえ百人百様、千人千様なのである。ただ、非常に似通った心の人とははなはだ異なる心を持つ人とがある。

これを想念の類似《るいじ》、あるいは因縁が合う、合わぬ、ということになるので、こんなためになる本をあの人は何故読まぬか、といって、その人が、自分の薦《すす》める本を読まぬ、という理由で、その人を低級視する人があるが、それは低級視するほうが間違っている。

バッハや、ベートーベンの曲は素晴しい音楽である、と思う人が、それらの音楽に無関心で、流行歌謡に熱中している人を、ただそれだけのことで軽蔑したら、これも誤りである。

宗教に入って現在熱心な人であっても、その熱心さが利己心から発している人もあれば、今、宗教に無関心のように見えている人の心が純粋な愛に燃えている場合もある。現在、形の世界に現われている言動のみでその人の真価をはかることはできない。

それ故私は、その人、その人に最も適切なる指導をしているものであるが、その指導は次に説明するような原理、法則を元としているのである。
この現界は潜在意識《ひそんでいるこころ》、と顕在意識《あらわれているこころ》とがぐるぐる廻っているので、顕在意識（普通いう心）に想ったことは、すべてそのまま潜在意識（幽体に属する心）に記録され、その記録された想いが、表面の心、顕在意識に記憶として浮びあがり、ある時は、直接行動として、言動に現われる。そして、その現われた言動がまた再び潜在意識に録音される。こうした、ぐるぐる廻わりが、その人、その人の運命となって現われているので、その理をまず知った上、幽界、肉体界を通して各人の運命を修正している守護霊の働きを観じなければ、運命を善くすることはできない。

人間が普通、心は一つよりないと思っているようだが、心は、宇宙神の心から始まって直霊（人間界における神）の心、分霊の心、幽体界の心、肉体界の心の他に、直霊と位を同じくする守護神の心、それに各個人個人に常に附き添っている守護霊の心との七つの心があるのである。この守護霊に素直である人が、神に素直であることになり、その人の進歩を非常に促進させるのである。が、今までにこのことを知っている人はまことに少ない。人の進歩は、ただ精神分析や、心の法則の活用だけではなかなかむずかしい。

まして、精神分析や心の法則はおろか、神も仏も何もなく、ただ肉体の自我だけで生活している人が多い世の中で、真に素直な自分になることにはかなりの努力がいる。

誰でも幸福になりたくて働き努力するのだが、なかなか幸福にならない。幸福になる秘訣《ひけつ》は素直になることである。素直とは肉体の人間に素直になれというのではない。真理に素直になれというのである。いいかえれば、神に素直になれというのである。神というと何か遠い気がするし、つかみにくい気がするだろうから、守護霊に素直になれというのである。

守護霊とはおおむね祖先の霊である。祖父《おじい》さん、祖母《おばあ》さんが、自分の背後にいて、霊の眼で、霊の耳で、子孫である自分の運命を予見し、悪い運命への道から、善い運命の道へ、導いて下さるのである。

それはちょうど、父母が小さな子供の手を取って、あちらだ、こちらだと、引き廻わしてくれるのと同じことなのである。しかし、肉体の父母にはその子の将来の運命は一分後のこともわからない。が、守護霊はその子孫の将来に起こる出来事をよく知っていて、その子孫の運命を幸福へ、幸福へと導こうとしているのである。

個人の運命とはまず幽体に各自の想念《おもい》が記録され、その記録された想念《おもい》を現界に実現さすべき、各種の材料（環境）が自然に整い、幽界に一応原形ができあがり、やがて時を経《へ》て、肉体界の想念《おもい》が縁《えん》となって、この幽界の運命がその人の現実の環境に浮び出てくるのであって、守護霊の修正がなければ、その想念《おもい》の誤りは、誤りのままに現界の運命として現われる。守護霊を一応考慮の外において考えれば、その人の想念《おもい》のままの環境が現象に現われるので浄《きよ》まった想念《おもい》の人は浄まった環境、汚れた想念《おもい》の人は汚れた環境、憎しみに充《み》ちた想念《おもい》の人は憎しみに充ちた世界を、盗み心の想念《おもい》は盗み盗まれる世界を、淋しい想念《おもい》の人は淋しい環境を、それぞれその人の運命として現わしてゆくのである。これは業生《ごうしょう》の法則なのである。

しかし、これは一回の肉体世界即ち、五十年や六十年だけの想念《おもい》をいうのではなく、三回、五回、十回と生まれ変わった数百年、数千年、数万年間の想念《おもい》の蓄積が順次縁《えん》となり、果《か》となり、また因《いん》となり縁を生じ果となって現《あら》われているので、この現在の肉体の三十年、五十年の心の想念《おもい》だけを自己の想念《おもい》と思って、

〝私はそんな悪いことを思わないのに、こんなに悪いことばかりある〟

という人がある。

また、〝私はお嫁に行きたい、といつも思っているのに、いつまでたっても嫁《とつ》がれない、だから自分の想念《おもい》のままになるなどという法則は嘘であ

る〟等々、現在の肉体界だけの想念《おもい》で判断すれば、なかなかうなずけない。しかしこの法則は、自然の法則の、物は上から下へ落ちる、ということや、電流の法則と同じように、絶対なる法則なのである。

想《おも》うことは必ず現われる。この法則を知っただけでも、知らぬ人よりは進歩が早く運命改善ができやすいが、これを逆に応用し、反対に考えると、かえってその人自身や人を傷つけ、痛めてしまう。

想ったことは必ず現われる。この言葉を真剣に考えている人で、自分は恐怖心が非常に強い。自分のように恐《おそ》れる心の多い者は、この心の法則の通り、必ず恐れる事態《じたい》が起こるに違いない。恐れることはみな来るのだ、と、その法則を知ったことがかえって仇《あだ》となって日夜恐れつづけている人がある。

またある人は、他人のために常に真剣になって心配苦労し、そのためいつも貧乏している人に向って、〝あなたは貧乏したい心があるからいつも貧乏しているのですよ。富む心を起こしなさい。あなたが貧しい心があるから、貧しい人ばかり側《そば》によってくるのですよ〟と説教した。

このため、この人は善事《ぜんじ》をなすことに対して、大きな疑いを抱き、それ以来、愛行が乱れていった。

これらの例に見られるように、心の法則（因縁《いんねん》）だけ思ったり、説いたりすると、実に間違った逆効果になりやすい。

〝あの人は、あんな心をもっていたから、あんなになったんだ〟式に、なんでも悪く現われている場合は、その人の心にその悪い原因があるんだと、きめつけられたりきめつけたりしていたら、まことに愛も情もない人生になってしまう。法則を知ったために、人を傷つけたり、自分を痛めたりするのは神の本性を知らない、無知から起こるのである。

神は愛である。愛であるから、守護神を我らにつかわし、守護霊を任じて、人間世界の悪因縁を消滅し去ろうとしているのである。

守護霊を信じ、守護神を想《おも》い、神に感謝しなければ、いくら因縁の転回や、心の法則を知ったところで、人間は永久に救われない。

こちらが知っても知らなくとも、守護霊はただ、黙って人間を守っていてくれる。

夢などはその顕著《けんちょ》なるものである。

夢は何故見るか、この問題は世界の学者が種々と研究をつづけているのだが、いまだに、はっきりとわかっていない。

夢とは人間の業因縁《ごういんねん》の消滅する姿である、と私はいう。想念《おもい》は必ず現われる。この法則は動かしがたい法則である。この法則のままに、想《おも》うことがそのままこの肉体界に現われたら、この人生は、もっともっと以前に滅びていたに違いない。

何故ならば、肉体の人間の心を奥底まで解剖《かいぼう》すれば、愛は情に流れて執着となり、恨《うら》みは恨みを重ね、悲しみは悲しみを追い、闘争心は常に戦火を絶《た》やさず、情慾の業火《ごうか》は至る所に燃えひろがり、殺傷事件は眼に触《ふ》れるあらゆる箇所に展開されていることは明《あき》らかである。

この業念の感情を、肉体脳髄の念の休止している間に、巧みに夢として肉体世界と離して、画《え》き出《が》してしまうのが守護霊の偉大なる一つの仕事なのである。現われれば消えるのが想念《おもい》の性格であるので、夢として画き出されてしまえば、その想念《おもい》は消えてしまう。肉体世界に現われた場合は、その現われが、また頭脳にキャッチされて、再び同じ想念《おもい》を幽体に記録してしまうが（それでも現われれば幾分ずつか、消えてゆくのである。）夢の場合はその想念《おもい》が巧みに戯画化《ぎがか》されていて、いったいなんの想念《おもい》であるか判然としないので、醒めた後で、いくら肉体頭脳で思ってみても、その夢に現われた想念《おもい》は再び幽体に記録されることはない。

その想念《おもい》は夢によって一度断ち切られるので、業因縁がそれだけ消えたことになる。たまたまはっきり憶えている夢もあるが、守護霊が予知的に、その人に示す夢（霊夢）以外は、その夢の画が、やはり、その想念《おもい》の内容を察知できぬように描いてあって、判然としない。

フロイトという精神分析学者は、この夢をすべて性慾（リビドー）の現われと解釈していて、夢に現われる物質、風景、氏名等によって、それぞれの内容を解剖しているが、私の述べていることとはまるで異《こと》なる解釈で、人間の救いには、あまり役立たぬものと思う。

判然としない夢は、そのまま判然とさせる必要はないので、ただ、簡単に、自分の悪想念《あくそうねん》が肉体の悪い運命となって現われるのを、守護霊がその夢と現わして消して下さったのだ、と感謝すればよいのである。

このことを知ることは大きな救いになると思う。

この守護霊の働きは真に感謝しなければならぬものである。

守護霊は霊界、幽界、肉体界と三界《さんがい》を通して働ける者なので、幽界において、できつつある運命、あるいはすでにできあがって、時間の経過につれて自然に肉体界（現界）の運命として現われようとする悪想念の結果（因果）を、あらゆる手段をもって、その人間の運命として現われぬように修正してゆく。

この守護霊の働きを、知っている人、感じている人は実に少なくて、肉体人間の大半が、この蔭の働きを知らないのである。守護霊はその肉体人間が、守護霊の守護の力を知ろうと知るまいと、それは問わず、ただひたすら、運命の修正に全力を挙《あ》げているのである。いわゆる菩薩行なのである。

いったいどういう風に守護霊が運命を修正してゆくかというと、種々の方法がある。

例えば、転覆《てんぷく》した汽車に乗るべきを、忘れ物をして乗り遅れたため、生命の危機を逃れた。

という場合、物を忘れた、この忘れ物に守護霊の働きがあるので、守護霊の念が、その人の肉体頭脳に働きかけ、その人の頭の回転を瞬間的に阻《そ》止《し》して物を忘れさせるのである。

また他の人を使って、自分の守護する人間を助ける場合もある。

例えば、ある人が、何か急に友人Aを尋《たず》ねたくなり、別段に用事もないのに、急用でもあるような気持で、その友人を尋ねる。と、友人A一家は、事業に失敗して、今まさに一家心中の手前であった。驚いたある人は早速この友人Aのために一肌《ひとはだ》脱いでやることになった。

この場合、Aの守護霊は、Aを助けるため、Aと波長の合う友人のある人に、念《おもい》を送り、Aの家へ引き寄せたのである。この友人なら、Aを救ってくれる、ということを、守護霊は、はっきり知っているのである。

この二つの例のようなことが、常に人間世界の生活の上に起《お》こっているのである。

守護霊はその被守護体の睡っている時から醒めて働いている時、休んでいる時、いついかなる時間にも、この人間を守《まも》りつづけているのである。そして、この人間の発する悪想念の蓄積を浄めるために、たゆまざる努力をつづけているのである。もっとも、肉体界（現界）の救いとしては、この人間にでき得るかぎりの努力、経験をさせつつ、いざという時に助けるのである。

ここで、大いに考えなければならぬことは、守護霊にとって、一番働きやすい、肉体人間の状態は、常に守護霊のほうに心を向けていてくれることである。

守護霊の存在のいかに重大であるかを知って、常に守護霊に感謝を捧げている子孫ほど、守りやすい肉体はないのである。もっとも守護霊の生前《せいぜん》の氏名など知る必要はない。守護霊が懸命に、浄めの念を肉体に送っても、その肉体の心が、全然他をむいていて、一向《いっこう》に守護霊のほうに心を向けなければ、守りにくくて仕方がない。

やっと睡りの世界に肉体が入った時、無心になった肉体脳髄から、悪想念の蓄積（その時々の因縁）を夢として消すことより仕方がない。

そこでこうした人を守るためには、先程の二例のように、他の人に送念《そうねん》して、他の人から注意や、助太刀《すけだち》をしてもらうことにする。この時の相手は、必ず過去世において、守護霊同志、または、肉体人間同志が、因縁浅からぬ者でなければ駄目なのである。

しかし時には、その被守護体の人間が、あまりにも業因縁が深く、迷（無明）で分霊の光をほとんど覆ってしまっている場合には、いかに守護霊が全力を挙げて浄めたり、奔走《ほんそう》したりしても、通じない。仕方がないので、守護霊は、守護神に救援を願うのである。

すると守護神はこの願いを聞き入れて、大いなる神の光を、その肉体人間に放射する。この光は業因縁を通《とお》して、分霊に通じ、分霊の光の力が増してくる。この時、なんとなくこの肉体人間の心（脳髄）に宗教への関心が湧いてくる。この場合、たんにご利益信心的な心であるかも知れない。それでもよいのである。この人間にとっては、その気持の起こったことが、一歩も二歩もの進歩なのである。

その時、守護霊は、その機会を逃がさず、その人間に適当する宗教に、その人間を導くのである。

また、ある場合は、守護神の光によって、一挙《いっきょ》に幽界に転出してしまうことがある。いいかえれば、急死してしまうことがある。それは、そのほうが、この人間の進歩に都合《つごう》が良いからである。

以上のように守護霊は肉体人間と一つになって、人間を善導《ぜんどう》しているのである。

人間が、自己の運命を改善し、幸福になりたいとするならば、ただ、守護霊に自己の運命を委《まか》せればよい。守護霊さん、ありがとうございます、守護神さん、ありがとうございます、神様、ありがとうございます、と常に感謝していればよい。この心が神への全託なのであり、守護霊の活躍を充分にさせる一番よい方法なのである。

この心でいれば、その人の行動はおのずから、調和した整ったものになり、生活は楽《たの》しく楽《らく》になるに決まっているのである。何故ならば、守護霊、守護神、と真っすぐにつながり、そのつながりによって、その光によって、業生《ごうしょう》の因縁因果の渦巻《うずまき》からいつの間にか離脱《りだつ》でき、分霊本来の光が直霊（神）につながり、肉体をもったままで、人間神の子の実観を、真《しん》に体得できるのである。

守護霊を知らず、守護神を知らず、ただいたずらに、精神統一法をしたり、座禅《ざぜん》を組んだりした場合、その精神統一で、やや空《くう》になった肉体に、幽界の魂魄《こんぱく》が感応してくる場合がある。こうした場合、守護霊により、自然法爾《ひとりで》に整った、生活態度、いわゆる明るい楽しい雰囲気とは違って、何か、非常識な、他人に不快《ふかい》を感じさせるような雰囲気《ふんいき》を持つ人間になる。

（このことについては次章で改《あらた》めて述べることとする）

私は、座禅したり、静座したりして、心を空《くう》にする行法を採《と》らない。空観する場合は、善き導師《どうし》がいなければ危険である。

私は、ただ、素直に、守護霊、守護神に感謝してその人、その人の生活の業《わざ》に励んだほうが楽に、自然に、神につながり、悟れる、と信じている。いかなる困難な事態がその人の前に起ころうとも、守護霊の守りを信じ得る人は、必ず、その事態は光明に転ずるのである。

この場合、守護霊はいったいいかなる人か、などとその人の生前《せいぜん》の戸籍調査などしなくともよいので、ただ、誰方《どなた》か知らぬが、自分に関係の深い祖先の一人が、神様につながる強い力で、守っていて下さるのだと、素直に思っていればよいのである。

もし迷う事柄があったら、心の中で守護霊さんを呼びながら、その裁断《さいだん》を願えば、必ず、なんらかの形で、その答をしてくれる。それは前に述べたように他の人に逢って、その人の口から聞かされるかも知れぬ。あるいは、ぴん、と直感的にひらめくかも知れぬ。ただ、この場合、前者なら、最初に逢った人であり、後者なら、最初の直感、第一直感が、その答である。その答がいかに、現在の自分に都合が悪いように思えても、それは後によくなる方法に違いないのである。それを信じなければならぬ。第二直感で出てくることは業因縁《ごういんねん》の答であるから、よくよく注意せねばならぬ。業因縁の答は常に甘い。都合のよさそうな答が多いので、つい、この答にひきずられることが多いものである。だから、常日頃、守護霊を信じ、感謝の想《おも》いを抱いていなければいけない。

弘法大師《こうぼうだいし》が、同行二人《どうぎょうににん》、といったのは、この人間生活は自分一人で生きているのではなく、守護霊と二人連《づ》れなのだ、神様と一緒《いっしょ》に生きているんだ、ということで、キリストの、神常に汝と倶《とも》にあり、という言葉と同じである。ただ、一般の人たちに、神、という風に、あまりに大きな、高い感じのものより、守護霊という、自分自身と直接つながりを持つ、祖先のしかも力ある霊が背後で常に守ってくれている、と思うほうが非常な親近感で、念じやすく、かえって神に統一する環境になりやすい。

また、現象に現われた、病気や、不幸を、これはいかなる過去の心の現われか、と精神分析して反省するよりは、現われた悪い事態は、すべて、過去の業因縁が、形に現われて、消えてゆく姿なのだから、この苦しみが済《す》めば、必ず、一段善《よ》い環境になると信じ、それと同時に、守護霊さんが守っていて下さるのだから、必ず善いほうに、善いほうに向っているに違いないと信じることである。過去の因縁を分析すると、自分を痛めやすいし、気持が暗くなって、神から離れがちになってしまう。

神は光なのだから、常に明るい心の人を喜ぶ。

――神は愛なのだ、光なのだ、私は常にその愛と光の中に生きているんだ、しかも守護霊さんに守られながら生きているんだ、過去はない。過去は消えてゆく。どんな苦しみも必ず消えてゆくんだ――と、過去の心の誤《あやま》りなぞ、穿《ほじく》り返さずに、ただただ、光明のほうに、心を向けていることが、自分を救い、人を救う、一番大切なことなのである。
愛と許《ゆるし》の世界をみんなで創《つく》ることが大切だ。

自分を愛し、人を愛し、
自分を赦《ゆる》し、人を赦す、
これが業《カルマ》を越《こ》える最大の道
みんな、いたわり合い、励《はげ》まし合い、
足《た》りない智慧《ちえ》や力は、守護霊さんにおまかせしよう。
守護霊さんが、きっとうまくやってくれるに違いない。

六、正しい宗教と誤れる宗教

宗教とはいったい何か、ということが最初に問題になる。

宗教とは、神仏（絶対者《ぜったいしゃ》）と人間との関係を説き教え、明らかにする道であると、私は解釈する。

この原理に沿《そ》って、正しい宗教と、誤れる宗教とを区分《くぶん》し考えてみることにする。

神とは、人間理念の根本であり、智慧《ちえ》（創造力）、愛、生命の根源である。

従って、完全にして、円満、調和せる象徴《しょうちょう》である。

この完全円満なる力を内にもちながら、業因縁の渦巻《うずまき》の中で、その渦巻、そのものが自己であると誤認《ごにん》し、悩み、苦しみ、もだえながら、その渦を脱しよう、逃《のが》れようとしているのが肉体人間の姿である。

そして、その業因縁の渦を脱して、内なる神性を完全に輝やかせた人を、解脱者《げだつしゃ》、仏陀《ぶっだ》といった。釈迦《しゃか》はそうであり、イエス・キリストもそうである。他にもそのような完全神性を現わした覚者《かくしゃ》がいたわけである。

最初にそうした人たちが、神と人間との関係を説き、人間は完全円満な神性であることを明《あ》かし、行じて、人びとを安心立命《あんしんりつめい》の境地に導いていった。自己が完全円満なる神性であることを悟《さと》ったら、この人間は業生《ごうしょう》を越えて救われたことに間違いない。

この導師《どうし》は、神の使徒《しと》たちであって、真の宗教家である。

しかし、この覚者たちが、肉体生命を終えた後、この覚者たちの教えを、種々な弟子《でし》たちが、それぞれ独自な形で伝え始め、これが、何宗、何派、何教会、等々、世界全土に拡《ひろ》まっていった。日本では、仏教が最も盛んで、各宗派に分れ、しだいに教えの根本を忘れて、激烈なる宗派争いをしながら信者獲得《かくとく》に狂奔《きょうほん》した。その他、神道、儒教《じゅきょう》があり、現代に至って、キリスト教が非常に盛んになってきた。

このように宗教が、各種の組織をもって、世界各国に拡まっていったのであるが、人類の宗教心はその組織の拡大と正比例して深まってきている、とはいえないのである。古代の人類は、宗教を学理的に知るよりは、行為で理解し、直接体験で、神を知ろうとしていたが、中世、現代としだいに、宗教を行《ぎょう》から哲学に移してゆき、学理究明《きゅうめい》が先になり、行からくる直接体験は薄《うす》らぎ、本来の宗教心から、知らず知らず遠のいていった。

やがて宗教は、学理的究明者と、教団、教派の形式の踏襲者《とうしゅうしゃ》並びに、真に神仏と人間との関係を直接体験として知らんとする行の人、の三つの流れに分れてきた。

宗教は、学理的に究明しただけでは肉体脳髄に知識として残るだけで、先覚者の志を継《つ》ぐものではなく、形式を踏襲したのでは、神仏のいのちが枯《か》れてしまって生きて来ない。

神仏は生きとし生けるものであり、人間も生きとし生ける者である。生きとし生きて自由自在に形《かたち》の世界を造ってゆくものが神であり、人間である。

学理に固着《こちゃく》し、形式に捉《とら》われた世界には、いくら求めても神はいない。宗教とは哲学ではない。哲学を越えた行の世界が宗教である。また、宗教とは教団や教会や、伽藍《がらん》ではなく組織でもない。人間が神仏にそのままつながっている生命であることを、自覚させる行であり、教えである。

真に宗教が世界に拡まり、世界人類が、真の宗教心、信仰心に生きたならば、この世は愛に満《み》ち充《み》ちた天国となるのは明らかである。

愛とは、神そのものであり、神と人間をつなぎ、人間と人間を調和させ、人間とあらゆる生物を琴和《きんわ》させる最大の働きをもつ心である。

宗教に入って、愛の心が湧《わ》きあがらぬようならば、その人は真の宗教人ではなく、神に祈りながら安心立命の道に入ってゆかぬならば、その人の神観は誤りであり、その祈りは正しいものではない。

こうしたところから、正しい宗教と、誤れる宗教、正しい信仰心と、誤てる信仰心とを判断すべきである。

人間は古代から奇蹟《きせき》を求め、新しい世界を求めつづけた。人間の力以上のもの、知識以上の出来事、こうしたことを待ち望む心は、本来の神性、自由自在性の顕《あらわ》れの一部であり、常に新世界を求める人類の心の底には、神の国が蔵《ぞう》されていたのである。

この求むる心、希求《ききゅう》する心が、一方では科学精神となり、眼《め》に触《ふ》れ、手に触れる物質から物質へと探究してゆき、ついには現代のように物質波動説にまで進展し、一方では求むる心をそのまま五感の世界を超越《ちょうえつ》して、波動の世界にいたり、さらに超越してあらゆる波動を発する本源の世界に突《とつ》入《にゅう》した覚者を生んだのである。そして、この二つの方法が必然性をもって近代の文化を開き、理想世界樹立《じゅりつ》を目指《めざ》してゆきつつあるのである。

先覚者釈尊は、自己の肉体を超越して本源の光に達《たっ》した時、自己そのものが、光明身そのものであることを悟ったのであり、それ以来、自由自在に神の力を駆使《くし》して、数多《あまた》の奇蹟を行い、その弟子たちも、霊界の守護神の力を借りて、それぞれの神通力《じんつうりき》を発揮した。

仏教学者は釈尊の偉大さを、その哲学的な説教におき、その奇蹟の面は、釈尊の偉大さを称《たた》えるための一つの物語的に解釈している向きが多いが、あの奇蹟があったればこそ、仏教哲理が現在のように拡《ひろ》がったのであり、この点、キリストの奇蹟も真実のものであることを私は明言《めいげん》する。

奇蹟なき宗教は、あまりに広まらないし、人間を魅力《みりょく》しない。といって奇蹟のみを喧伝《けんでん》する宗教には邪《よこ》しまなものが多い。

説教のみの宗教は、宗教の形骸《けいがい》に流れやすく、奇蹟のみの宗教は、かえって、人間を不安動揺《どうよう》せしめる。

近代における既成《きせい》宗教の大半は形式を教うるのみで魅力なく、新興宗教の大半は、奇蹟的現世利益《りやく》を説くが、人間の不安動揺の心を根柢《こんてい》から救ってはくれない。

その場、その場の現世利益があったからといって、そのことだけで正しい宗教とはいえないが、宗教とは現世の利益など、どうでも良く、死後や未来がよければよい、というのも片寄っている。また、宗教に現世利益を求めることは間違いで、人間の本体を仏であると観ずること、色即是空《しきそくぜくう》、空即是色《くうそくぜしき》（ものは即ち空《くう》であり、空《くう》の中にすべてのものがある）である悟《さと》りに入ることのみが宗教なのだ、という人びともある。これは真に正しい教えなのであるが、現世のように、肉体生活への執着《しゅうちゃく》の非常に深い時に、ただ、肉体は仮相《かそう》であって、実相《じっそう》ではない、と、全然、肉体生活の利害を無視《むし》したように見られては、一般大衆との距離があまりにも遠く、これによって真に救われる人は僅少《きんしょう》の僅少のほんのわずかであると思う。

私は、肉体生活がある限り、肉体生活の利害を全然思わぬ、というような教え方は無理であると思うので、肉体生活の利害《りがい》も認め、その利益もあり、幽体の存在を認め幽界を知らせ、幽界における死後の生活の方法を教え、さらに一番大事で、肝腎《かんじん》な、人間は神そのものである、ということを悟らせる方法が、前者の各方法よりさらによいのではないかと思う。

私はここで、第三章で書き漏《も》らした、死後の世界、即ち、幽界について、述べておきたい。死後の世界をここで説明しておかぬと、誤《あやま》れる宗教について述べる時に読者にわかりにくいことが多いと思うからである。

人間世界におけるすべての不安の根柢《こんてい》は死の恐怖《きょうふ》にある。

いかなる種類の苦しみに直面したとしても、死への恐怖を超越した人にとって、その苦しみは、心の痛みにはならない。

死ほど、人間の関心をそそる出来事は他にあるまい。

死は人間にとっての終りなのか、転移なのか、この謎《なぞ》が解けることによって、人間の進歩は一段と早まるに違いあるまい。

人間は肉体消滅によって失《な》くなってしまうものではない。これは先章から私が説いていることなのである。

死とは幽界（以後は霊界をも含めて）への転出《てんしゅつ》なのである。肉体の死とは幽界への誕生なのである。

死ぬことを往生《おうじょう》といったのはこのことを昔の人は知っていたからなのである。

肉体が死ぬ、ということは、その中の神につながる分霊が（後にはただ霊という）幽体をつけたまま、肉体を抜け出た後の状態をいうのである。

先の章と重複《ちょうふく》するが、人間とは肉体ではなく、霊そのものをいうのである。肉体とは霊の容《い》れ物であって、霊の心のままに行動するものなので、ちょうど自動車が運転手によって走っているように、霊の運転によって種々《しゅじゅ》の行動をなすのが肉体なのである。

ただ先の章で述べたように、直霊（神）から分かれた分霊が、まず幽体を創《つく》り、その幽体を下着《したぎ》やシャツのように着《つ》け、その下着をつけた上に、肉体という上衣《うわぎ》を着けた姿を、普通は人間と呼んでいたので、その肉体の消滅を、人間の消滅、と残された肉体界の人びとは思いこんでしまっていたのである。

これを物理学的にいうと、霊体は非常に細《こま》かい周波数をもつ波長《はちょう》の体であり、肉体は粗《あら》い周波数をもつ波長の体であり、幽体はその中間の周波数をもつ波長の体である、ということになり、分霊はその三つの体を自己《じこ》の体としているのであるが、肉体に入るには必ず幽体をつけてゆかねばならぬのである。それは霊体から肉体に移るには波長の周波数があまりに違い過ぎて合わぬからである。

幽体は霊と肉体を結ぶ役目をもっているのであり、霊の念と肉体人間としての脳髄《のうずい》の想いとを、その体に録音しておく役目をもつのである。（この場合幽体を念体《ねんたい》ともいう）

肉体人間の死によって人間（霊）は幽体をつけたまま幽界において生活する。この幽界にも肉体界（現界）と等《ひと》しく、種々な生活があり段階がある。その生活は幽体に蓄積《ちくせき》されている想念の通りに実現されてゆく。この人の想念が憎しみに充ちていれば、憎しみに取りまかれた生活をする。愛深き想念ならば、愛深き想念の人びととともなる生活をする、というようになるのである。従ってその蓄積された想念の種々相《しゅじゅそう》であるように、幽界の段階は細かくいえばかぎり無いほどに分れているが、大別して、天界、人界《じんかい》、地界《ちかい》というように三段階に分けられる。この段階の上位は天界で、愛深き人、物質慾少なき人、執着少なき人、等々、神の心に近い人びとが住み、この界においてもさらに細かい段階がある。人界とは、この肉体界における普通人であり、平均点の人びとの圏《けん》であるといえよう。地界は、愛に背《そむ》くもの、物質慾深きもの、執着強きもの、自我心強きもの、怠惰《たいだ》なるもの、等々、神の心、すなわち本源の心に遠いものが、その業因縁《ごういんねん》を消滅せられるために住む世界である。

人界、地界（註…この世界はお互いに幽体が見え合うのであって、その点肉体界と同じである。ただ肉体界よりすべてにおいて速度が早く、善悪とも、思うことがすぐ実現する）においては、業因縁の渦から脱しようと努力しながらも、肉体界以上に業因縁の渦は急速に回転するので（それは、念波の周波数が肉体界より細《こま》かいから）なかなか、その輪《わ》を抜け出ることはできない。その渦の輪を抜け出すためには、一度、想念《おもい》を停止すること、絶対の精神統一に入ること、すなわち、神にのみ心を集中して、いかに業因縁の念が自己の周囲を回転しても、見むきもしないことであって、その精神統一の深さに従って、蓄積された想念の消滅の仕方《しかた》が違い、その度合によって、自己の住む圏（世界）が高くなるのである。

いいかえれば、いかなる辛《つら》さや、苦しみや自己に都合の悪いことが出て来ても、それは今、自己を取り囲む業因縁《ごういんねん》が消え去ってゆく姿である、と観《み》て、ただひたすら、神との統一観に浸《ひた》れ、ということで、これは肉体界における場合と同様であるが、肉体界のように、その業因縁が緩慢《かんまん》に現われる世界と違い、烈しく、急激に現われるので、なかなかその苦しさに耐《た》え得られないのである。このことを考える時、この肉体界に生活する期間中に、できる限り、自己の業因縁を消し去っておくほうが、幽界においても同じ業因縁を消し去るよりは、どれだけ楽であるかわからないのである。

例《たと》えていえば、百万円の借金（業因縁）をした人が、肉体界においては、五万円ずつの月払いで済むとすれば、幽界では、一度に百万円を仕払《しはら》わねば、さらに百万円の利息がつく、というわけである。

幽界（人界、地界）においては精神統一が最大の悟道《ごどう》の法であるが、もう一方法、守護神の指導に素直になることである。肉体界において、守護霊、守護神の援《たす》けがあるように幽界においても、守護霊、守護神（主に守護神の援助）の導きがあるので、この導きに素直に従ってゆくことが、自己を救う、よい方法なのである。この場合も、自己の眼前《がんぜん》の利益を超《こ》えて導かれる場合が多いので、守護神の導きが、例え、自己に不利のように見えても素直に従うべきである。

この場合でも、肉体界において、常に守護霊、守護神に感謝していた人は非常に益することが多いのである。

かくて、幽界において、ある程度浄化《じょうか》されると、また肉体界に誕生し、また異なる生活の経験を得て、再び、三度《みたび》、両界における体験を繰りかえし、しだいに、高度の生活に導かれ、ついには、天界にいたり、神格を得て、神界に住《じゅう》し、あるいは、覚者（仏）となって、肉体界、幽界の指導者となるのである。

結局、人間はその人自体が、すでに蓄積した悪想念をいかに巧みに消し去《さ》ってゆくかによって、その人の運命の度合《どあい》が高度になってゆくのである。桶《おけ》が汚水《おすい》で一杯になっていたら、人は必ず、その水をこぼして、新しい水に汲《く》みかえるであろう。しかし人間は、自分の運命の汚水（悪想念）をそのまま流さずにおきたがるものなのである。何故ならば、その汚水（悪想念）がこぼれると、その場が汚《きたな》くなる（その人の生活に起こる不幸や病気をいう）からである。といって、次から次へと汚水（不幸や病気への恐怖、恨み、怒り等の悪想念）を出しつづけたら、その桶からは常に汚水がこぼれつづけ、その場は、汚水でいたたまれなくなるであろう。この汚水を消すには、まず清い水をその桶にそそぎこむ（善《よ》い想念、愛と感謝）ことが第一であり、それと同時に、その場のふき掃除《そうじ》をすればよいのである。

人間はその忍耐力と勇気が必要である。

さて話を幽界にもどして、幽界において肉体界に悪影響《あくえいきょう》を及ぼす、生物の話をしてみよう。

幽界には、肉体界を離れながら、いまだに肉体界に生活しているものと思いこんでいる人間たちがいる。この人たちは、肉体の死が人間の消滅である、と思いこんでいる人たちで、肉体への執着が非常に強く、病気あるいは傷害で、肉体的に死にながら、われわれが通常夢みているような工合に、自分の肉体界当時の周囲の人びと、近親や、子孫の人びとを想念し、その人びとの肉体の背後に密着する。それは、自分自身の肉体が、すでに無いのに有る、と思いこんでいるので、幽体だけが想念を包んで、肉体界をさまようのである。

この幽魂《ゆうこん》が肺病で死んだ人ならば、肺病の念《おも》いを、そのまま持ちつづけているのでその幽魂に密着された人は、しだいに、その肺病の念に禍《わざわい》され、その人もついに肺病になってゆくのである。それは親しい人や血筋《ちすじ》ほど禍されやすいのである。その他の病気や傷害も同じである。

生前の恨みを晴らそうとする場合も、恨まれた人は難《なん》を受けやすい。

また、幽界に転移しながらも、肉体界に異常な興味を寄せている霊魂と、幽界のみに生存する感情霊、あるいは動物霊という、人間のような倫理観や道義など持ち合わせぬ生物がいる。これらの霊魂や生物は悟《さと》りから程遠いのであるから、俗事《ぞくじ》に非常に興味があり、自己の神性を探究することよりも、何か、事件を起こして、騒ぎたかったり、崇《あが》められたかったりする心が強いので、肉体人間が、あまりに自己の慾望達成のための神頼みや、奇蹟に頼ったりしているのを見て（ある程度の幽界人は、肉体界の事柄《ことがら》がよくわかるのである）茶目気《ちゃめっけ》を出し、ある種の霊媒素質《れいばいそしつ》のある（これは肉体の下衣である幽体の大きい人、霊魂が出入《でい》りしやすい人）人たちに送念して、あるいは肉体を借りて口をきき〝我れは何々の神であるぞ〟式に現われ、種々と肉体世界の出来事の予言をするので、これはなかなか当たるのである。

低い宗教、誤れる宗教にはこの種類が非常に多い。

この種の宗教の教祖はおおむね、女性や、学問的知識のすくない人が多い。何故ならば、知性のある人びとは、相当素直な人でも、その言葉や態度に批判の眼《まなこ》をむけずにはいないので、肉体を使おうとして憑《つ》く霊魂にとって、自由に使いにくいからである。

この種の教祖や宗教家は、非常に尊大《そんだい》ぶった態度を取ったり、下卑《げび》た口をきく。または知ったらかえって不安動揺するような予言をする。予言されて、その通り防げば、防げる態《てい》の事件の予言ならよいが、その難《なん》を絶対除かれようもない未来の予言をするようなことは神の心に適《かな》うはずはない。

これらの霊魂は幽界の生物であって、神から来る守護神、守護霊ではないので、ただたんに面白半分に、肉体人間を驚かし、畏敬《いけい》させて得々《とくとく》としているのである。肉体人間でいえば、不良青年のようなものである。

ただ、予言が当たったり、人の心を見抜《みぬ》いたりするだけの奇蹟で、その人間を神が使っている、とか、神様だとか、思ったりしてはいけない。たとえ、その霊魂（宗教家）の言葉で事業や、商売がよくなった、としても、そのことだけで、その人が救われの道に入ったのではない。現世利益《りやく》だけの目的で神にすがりつこうとするその姿（心）は、神の道をかえって見失ってしまう恐れがある。生命を活《い》かさず、心の汚れたままで、神に救ってもらおうとする人間たちの、卑《いや》しい心を助長するような働きをする宗教は、誤れる宗教という他はない。

それから、未来の予言をして、人を恐怖させ、それを入信の手段としているような宗教もまた誤れるものである。

宗教とは人間を安心立命させることが本意《ほんい》なのであるから、その日常生活が、宗教に入ったために、かえって不安になったり、乱れたりしては、宗教が人間に害を及ぼすことになる。

真の宗教とは、業生《ごうしょう》を超えて神仏に直通する道を指《さ》し示し、導き上げてくるものであり、真の信仰とは愛と真をますます深め高め、人類大調和創造のために、偉大なる勇気を湧き上げさせるようなものでなければならない。

宗教に入って、不安動揺するならば、その宗教が間違いか、その人の信仰が間違いかのどちらかである。

いかなる正しい宗教に入っても、直《ただ》ちに安心立命の境地に入れるわけのものではないが、それは、その人、その人の信仰の深さ、信行の真剣さによって、時間の短縮はいくらでもできるのである。

真の宗教家を求めるならば、まず自己の守護霊、守護神に心を傾けて熱心に頼むべきである。守護霊、守護神は、必ず、その人を一番適当な宗教家や指導者のもとに送りこんでくれるのである。

その時は、何か、安心に似た感じか、懐《なつ》かしい、嬉《うれ》しい感じがするものである。

いかに高い教えを説く宗教に誘《さそ》われても、守護霊、守護神に念《ねん》じてみて、行きたくなかったり、行っても心が不安であったりしたら、その時は、その宗教に無理に入る必要はないのである。その時は、その人の心境に、その教えが適さないのであるからである。

なんでもまず、自己の心の指導者、行動の守護者である、守護霊に念じてみることである。必ず現界における、善《よ》き指導者、善き相手をその人の前に現わしてくれるのである。

自己の内に神があるのだから、他の誰の教えを受けなくとも良《よ》いのだ、と思いこんでいる人が、友人たちに向って、〝君たちは、君たちの内部に神性があって、自然法爾《ひとりで》に君たちを善きように導き給うているのだから、どこの誰にも教えを受けたり、浄めてもらったりする必要はないよ〟と忠告しているのを時々耳にする。これは真理の言葉のようで、非常に誤っているのである。内部の神性は、常に人間や事柄をもって、その人を導いているのであって、ある指導者に逢ったことが、内部神性の導きである場合がたくさんあるのである。

人間は真理に素直であることが、実に大事なことであり、その素直さは、常に内部神性（守護霊を含めた）の導きに心を傾けている真剣な祈りの念に根柢を置くべきである。

内部の神性とは、常に守護霊、守護神を含めたものであることを忘れてはならない。

宗教教団そのものが立派で正しくあっても、その教えを説く人が正しくない場合がたくさんあるので、その点も注意が肝要《かんよう》なのである。

また、その教えが、実に立派で、教えそのものとしては、それ以上の高さには誰にも説き得ないほどのものであっても、その教えのままをこの肉体世界に実現せしめ得ぬようでは、その教えが生《なま》である、といい得よう。

例えば、人間は本来形《かたち》なく、姿なきものであり、神、仏《ほとけ》と一つのものであって、光明そのものである、実相身、無礙身であるから、幽界があるとか、死後の霊魂が生きているとか、いうことは全然必要ないことである。ただ、ひたすら仏を憶念《おくねん》すればよい。といわれた場合、その理は真《しん》であって、返す言葉はないが、ただ、ひたすら仏を憶念するだけで、安心の境界《きょうがい》に入り得る人がいったい何人あるであろうか。また、ひたすら仏だけを憶念できる人があるであろうか、という実際問題になるのである。現代のように唯物知識の盛んな時代に、ただ、人間は仏性であり無礙身《むげしん》である、ということや、そのような実相論、本体論だけで、近代人を救いに導くことはほとんど不可能である。

本体論、実在論、実相完全論を説きつつ、人間因縁論をも同時に説き、肉体界、幽界、霊界、神界（仏界）を知識として認識させ、本体はこうなのだが、因縁としては、こうこう、このように種々な界を経巡《へめぐ》っているのであるから、本体を実際に確認し、実相界にて仏となるにはいかにしたらよいか、ということを、教え導くようにするのが、宗教家であり、指導者でなければならない。

その意味では、心霊学者や、心霊研究家の仕事も、大事であり、善い意味の霊媒者《れいばいしゃ》も必要である。また旧来《きゅうらい》の仏教や道教、キリスト教も役立っているが、その一つに捉《とら》われてしまうようだと、到底悟《さと》りに入ることはできないし、現象の生活環境すら真実の善《よ》さを現わしては来ない。

であるから、各自、自己の因縁（性格を含めた）を知ることに努め、長所（善因縁）を見出して、それを伸ばして行くことに真剣になることで、悪因縁（短所）はそれを知った上で、それに捉われずに放してゆくことである。宗教家や指導者はその人の長所、短所を認識し、その認識の上に立って、長所が伸びてゆくように導き、短所は何気なく打ち消し、打ち消してやって、消し去るように指導してやるべきである。

因縁《いんねん》を説いて、その因縁を消し去ることを教えぬ宗教は人を救えない。

それは因縁、因縁と因縁を想《おも》う念に捉われさせて、人間の本来の自由自在性を失わせてゆき、安心立命どころか、不安心の生活にその人間を追いこんでしまうからである。

因縁を説いたら、必ず、その因縁の消え去る方法を教え、その本体の神仏であるところまで説かねばならぬ。

これは、因縁を、想念（心）の法則と説いても同じである。

この不幸は、この病気は、みんなあなたの心の影《かげ》ですよ、と指摘する類《たぐい》である。

形の世界の運命は、みんな心の影であるのは真理であるが、現在そこに現われた、病気や不幸が、その人にとって記憶のある悪想念の現われであることは少なく、大半は、記憶に出て来ぬ過去世からのものも含めた潜在意識にあったものであり、あるいは祖先や縁者の悪想念に感応《かんのう》している場合も多いのである。この理を考えずに、ただ、あなたの心の影だと説くことは、その人を救うより傷つけ痛めることが多いのを私はよく知っている。これは愛の不足ということで、知識が智慧《ちえ》と離れた状態である。心の温《あたた》い人、愛の深い人はどうしても相手の心の傷や痛手に、ぐさっと突きささるような言葉は吐けないもので、まずその不幸にたいして、同情せずにはいられなくなるものではないかと思う。

いかに真理の言葉であっても、聴《き》く人の心が、その真理の言葉に遠い境界にあったり、空腹に喘《あえ》いでいる人に、高遠《こうえん》な理想を説いても、ほとんど効果はあるまい。

真理の眼玉《めだま》よ降りて来い
おまえがあんまり高すぎるから
世の中は暗いのだ

と歌った詩人がいるが、これこそ、肉体人間一般の叫び声であろう。この声を無視した教えでは人類を救うことはできまい。

一の因《いん》には一の縁《えん》をもって、この因を消し、二の因には二の縁をもって、この因を消すべきで、一の因に十の縁をもってきてもこの因は消えずにかえって深くなるであろう。（註…一を低い念《おも》いとし、十を高い理念とする）

牛肉（真理の言葉）が栄養があるから、といって、毎食牛肉ばかり食べさせられてはやりきれないし、鯨《くじら》が食べたい（真理が知りたい）といったから、といって、鯨をそのまま眼の前に置かれても、どうにもしようがあるまい。

指導者は常に愛と智慧とに導かれていなければ、かえって人類を不幸にしてしまう。

以上で大体正しい宗教と、誤れる宗教の区別がついたと思うので、次には、私の祈念法《きえんほう》を書いてみることとする。

七、私の祈念法《きねんほう》

私は現在、毎日多数の人びとの相談に応じて寧日《ねいじつ》ない有様であるが、ほとんど疲れが残ることはない。業因の深い人と対座《たいざ》する瞬間、相手の業因が、電波の如く、私の肉体身に感応《かんのう》してくるのだが、それもほんの瞬間に消えて、疲れがそのまま肉体に残っているようなことはすくない。

私の肉体の頭脳は常に空《くう》なのである。私は肉体の頭脳でものを考え出すことはない。必要に応じて必要を充たす智慧《ちえ》が、私の本体から自然と肉体に伝わってくるのである。

私は霊媒《れいばい》ではないから、霊動したり、霊言したりはしない。普通の肉体人間となんら変わらぬ平々凡々たる人間に見えるし、常識を一歩も越えぬ生活をし、行動をしている。しかし、根本的にはまるで違っている。

それは私の本体が光であることを体験として知っていることであり、私の言動が、すべて神（本体）から直接に支配されていることをはっきり認識しているからである。

普通、人間は、常になんらかの想念《そうねん》が頭脳を駈《か》け巡《めぐ》っているのだが、私の肉体脳髄を駈け巡る想念は何もない。

私はかつて、一切の想念を断絶する練習を私の守護神から強制的にやらされたのである。

それは、普通の座禅《ざぜん》や、精神統一の類《たぐい》ではなく、二十四時間ぶっつづけの練習なのである。（このことについては、自叙伝《じじょでん》〝天と地をつなぐ者〟を参照されたい）苦しいといえば、これほど苦しいことはない。ものを想《おも》わぬこと、念を停止すること、即ち、空《くう》になる練習なのである。寝ても起きても、歩行していても、全時間、すべてこの練習なのである。この期間約三ヶ月、自我を全部滅却《めっきゃく》して、神我に変えたのである。

霊媒ならば、肉体を、その支配霊に他動的に委《ゆだ》ねて、自己の我は睡《ねむ》っていればよいのだが、私の場合は、自己意志で、自己の我を消滅し去ろうとするのである。いいかえれば、因縁《いんねん》の流動を超えて、自由自在になるための練習なのである。

原因結果、原因結果と果しなく輪廻《りんね》する業因を超えるためには、その業因をつかんでしまってはいけない。いかなる業因縁《ごういんねん》が果《か》として現われようとも、果として現われれば、その因縁はそのまま消えるのだから、消えてゆくという念と、これで善《よ》くなる、という善念だけ出せば、運命はその時、新しい善因《ぜんいん》を記録する。そうした方法を根《こん》よくつづけて行けば、その人の潜在意識《せんざいいしき》は、しだいに善因縁に変化してゆき、顕在意識の善なる想念《おもい》と正しく交流して、その人の運命は好転する。

私は人びとに、そのような方法を教え、練習させながら、私自体は、私の想念《おもい》をすっかり停止して、相手の業因縁を、私自体の生命（心）の中に吸い込んでゆく黙想をする。これは苦しい想念停止の練習によって、到達し得た空即実相《くうそくじっそう》の黙想なのである。

相手と私は向い合って座る。私の心には相手の分霊の光と、その分霊が過去から放ちつづけている想念の波が種々なる波長をもって、幽体を流れているのが観《かん》じられる。即ち、因縁の波を観じるのである。私は、すでに光体《こうたい》になっている私の中に相手の因縁の波が吸い込まれて、しだいに浄まってゆくのを感じる。ちょうど吸い取り紙のようなもので、吸い取り紙は吸い取ったインキを消すことができぬが、私は、その人との対座《たいざ》を止めると、ほとんど同時に、その人の因縁の汚《よご》れを消滅できる。私に来ている本源の光が汚れを消滅するのである。

私と対座した人は、なんだかわからぬが、体が軽くなり、清々《すがすが》しくなる、と異口同音《いくどうおん》にいう。これはその人たちの業因縁が浄められたことによるもので、いかなる言葉の説教よりも、はるかに早くその人たちを救いの道に導くことになるのである。

人間の肉体は細胞組織《さいぼうそしき》でできていて、その細胞は陽子、電子の寄り集ったもので、それをさらに細かく分析すれば微粒子《びりゅうし》となり、その微粒子は光の粒だという。その粒も、もっと根本にゆけば、光の波動である、と科学者がいっているが、人間が真の精神統一に入ると、自分自身が、無限拡《むげんこう》の光であることがわかる。私の想念停止は、自我《じが》を脱却《だっきゃく》したということなので、そこに肉体という物質体が存在していようとも、それはただ光の媒介体《ばいかいたい》であるので、私と対座した人の業生の因縁体（幽体、肉体）に、本源の光が流れ込むことになり、分霊にまつわる業因縁が浄まってゆき、分霊の体が軽く清らかになってゆくので、度重《たびかさ》ねて私と対座すると、知らず知らずに安心立命の境地に近づいてゆくのである。

この黙想と同時または前後に、柏手《かしわで》を打つことが多い。これは、相手の因縁の波が多種多様であるので、種々なリズムで、その因縁の波の調《しら》べに合せて叩くのである。この柏手を打つことによって、光の波が、相手の業因の波のうねりの通りにうねって浄めてゆくのである。

いいかえれば、神の光波が、私の柏手のリズムを通して、私と対座している人の業因縁の波を洗い浄めてゆくのである。

その他に種々の印《いん》を結ぶ。これは、相手を統一《とういつ》させるためと、こちらの光の波長を相手の波長に合わせるためである。やさしくいえば、テレビのダイヤルを種々に切りかえるのと同じである。

この祈りは相手と向き合ってやったり、相手を後向《うしろむ》きにさせて、祈ったりする。

前向きの時は、その人そのものの、過去世《かこせ》からの業因縁を浄めるのであり、後向きの場合は、その人にまつわる祖先や縁者《えんじゃ》の想念の浄めなのである。

また、私は人の運命の方向を指示し、好転せしめるように祈念する。

大体私は易者《えきしゃ》ではないので、人の運命の過去を当《あ》てたり、先を予見したり、性格を指摘したりすることを本願《ほんがん》としてはいない。

私の本願は、すべての人間に神の存在を知らせ、人間は業生《ごうしょう》でなく、光の子、神の子なのであることを知らせたいのだ。

どこまで悩んでも、いかに苦しんでも、救われぬのが人間である、という迷妄《めいもう》を覚《さま》させるために、私は働いているのである。であるから、ただたんに〝おまえの運命はかくかくしかじかだから〟と、その人の運命の悪さを指摘したり、〝おまえの心が悪いから、おまえの病気や不幸はなおらない〟というような指導のしかたはしないのである。

ただひたすら、その人の運命の好転を祈る愛念だけで、人に対しているのである。

人の名前を聞いても、その人と対座しても、私の心には、その人の性格や運命が、鏡のように写ってくる。何故写ってくるかというと、私の心に私自身の想念《おもい》がないから（私自身が空《くう》だから）相手の運命（潜在意識に録音されてある）がそのまま私の空の心に入ってくるのである。しかし、私は、その事柄をそのまま、その人に告げることはしない。そのまま告げても、その人の心を傷つけず、かえって勇気づける場合は別であるが、大体は勇気づけるような内容だけを話して、少しずつその人の誤れる習慣の心、いわゆる、悪想念の癖《くせ》を善い想念に変えるように指導してゆく。その間勿論私の祈念法をもって、祈念してやることは、いう迄もない。

いかに達者な辯《べん》で真理の道を説いていても、心に愛の薄い人は、その姿に光が薄いし、何も説けずに、ただ黙ってその不幸な人の開運を祈っていても、愛の深い人の姿は、光り輝いて見えるのである。

愛は光《ひかり》であり、光は即ち神である。

真《まこと》の行いは神の行いである。愛の黙想は光そのものである。愛に充《み》ちた真理の言葉は神の言葉である。

あの人を善くしてあげたい、と思ったら、まず自分が光にならなければならない。光になるとは、愛そのものになることである。それは自分の立場がよくなるから、とか、自分の力を示したい、とか、人に感謝されたい、とかいう不純な心があってはいけない。真に善くしたい、という、純粋な愛の心でなければならぬ。その場合、純粋な愛は自己の想念停止（無我）と同じであるから、本源の光がその人を通して、相手に流れ入るのである。愛の純粋さの程度に従って、光の強さが違ってくる。病気などの場合、なおしてやるんだ、という力《りき》みや、不安動揺の心は、光を乱し、弱める。よく、霊治療家《れいちりょうか》や、霊覚者《れいかくしゃ》になりたい、といって、修行する人があるが、私はそれに反対する。そうした特別な力を得たい、と思う心は、神の心に遠いからである。何故ならば、神はすでに、その人、その人に対して、天命を授けているのであって、正しい霊能者《れいのうしゃ》や、霊覚者になる者は、自然に、そうなるような方向に、守護神が導いてゆき、その人に必要な修行を現象の心の否応なしにさせられてしまうのである。

私は音楽家で世に立とうと思って、音楽を勉強した者であるが、いつの間にか、種々と哲学や宗教や、心霊学の道にひき入れられてしまい、ついに種々な修行をさせられて、現在のような人生指導者になってしまったのである。

その間、私は友人の誰よりもよけいに勉強したわけでもなく、特別な能力が欲しいと願ったこともない。ただ、常に、常に、神に祈っていたことは確かである。

その祈りは――

〝神様、どうぞ、社会人類のために、私のいのちをおつかい下さい。私に授けられた私の使命を一日も早くなさしめ給え〟

という意味のもので、この祈りは常に、私の心を離れることはなかった。霊能を得たい、ということは我《が》である。特別な力を得たい、という心も我である。

そうした我の祈りや願いは、低い霊魂に感応《かんのう》しやすい。その祈りが通って、霊能者になったとしても、その人が、そうした我の心を捨てない以上は、その人の運命は最後に行き詰《づま》ってくるであろうし、その人の力では、真に救われる人は出てこない、と私は思っている。

真摯《しんし》な愛の祈りと、無邪気な明るさ、運命を信ずる楽天《らくてん》、こうした要素が、神に通ずる心であり、いかに祈っても、邪気《じゃき》ある心、暗い心、不安の念《おも》いなどがあっては、神の心に触れることはできない。

不安の心多き人、暗い心の人たちは、常に天を仰ぐことを実行するがよい。天からはいつも、陽気が降《ふ》ってくる。たとえ雨や曇の日であっても、天に心をむけることが大事である。天に心をむけると、いつの間にか、心が軽く明るくなるものである。そして次のように祈るとよい。

〝神様、どうぞ私の心に愛を充実せしめ給え、どうぞ、私を愛深い私にならしめ給え〟と。

その祈りを毎日かかさずつづけていることは、細かい種々な願いごとをする神詣、仏参りより、はるかに、はるかに、その人を高い境地に導いてくれるものである。

立っていても、坐っていても、歩いていても、寝ていても、そんな形のことはどうでもよい。ただ、ひたすら、愛深い自分になることを祈りつづければよいのである。

定まった一時刻《いっとき》の祈りよりも、常に常に心に抱いた想念《おもい》のほうがよほど効果があるのである。だから、いつも泣きごとや、ひがみごとや、恨みごとや、病気の不安などを想いつづけていたら、その想念の作用で、その人の運命は、いつも暗く不幸なものになってしまうのである。想念は、運命に大きな作用を及ぼすことを忘れてはいけない。

〝愛はすべてを癒《い》やすのである〟

すべての不幸を打開《だかい》するのは、愛の心が根柢にある行動である。

私の祈りは、愛の祈りである。智慧《ちえ》は愛のうちに含まれていると私は思っている。

ただし、愛とは情《じょう》ではないことを申し添えて置きたい。

情は愛から生まれたもので、愛情と一つに呼ばれているように、愛とは切っても切れぬ関係がある。そのため、仏教では、愛さえも業と呼んでいて、迷いの本体である、と説いている。そして神の愛を慈悲と呼んでいる。

私が今まで愛と書いてきたのは、情（執着）でなくて、英語でいうCharity《チャリティー》（慈悲心）のことである。しかし、愛は善で、情は悪である、と簡単に割り切ってもらっては困る。この現世では光に影が伴うように、愛には情がつきまとうのである。切りがたい情を涙を呑んで断ち切ってゆくところに、人間の美しさがあり、愛の輝きがいやますのである。

情を簡単に切れることが、その人の冷酷性《れいこくせい》の現われであったりしたら、情に捉われやすい人よりなお悪いことになる。

愛深い人が情に溺《おぼ》れぬように自重してゆく姿には、美があるもので、そうした人の動きの中に、神のこの現象界における生き方が示されているものと思われる。

私の祈りは、自分が相手と一体になって、相手を抱《いだ》いたまま、神の世界に昇ってゆこうとする祈りである。

祈りとは、まず自分の心を空《から》っぽにすることである。それまでの自分をひとまず捨てて、神だけを自分の心に住まわせることである。

願いごとは、すべて後《あと》まわしにすることである。神だけを自己に住まわせれば、その人に必要な願いごとは、すべて叶《かな》うのである。

小我《しょうが》の祈りは、その人をますます小さくするだけで、なんの得《とく》にもなりはしない。

ただ、神だけを想うことである。愛だけを行《ぎょう》ずることである。

愛は、時に峻厳《しゅんげん》を極める場合がある。しかし冷酷とは全然異なるものである。

愛は全体を生《い》かすとともに、そのもの、そのことをも、真に生かすために、峻厳さを示すものであり、冷酷とは、自己や自己の周囲の利益のために、すべてを殺すものである。

愛の峻厳であるか、冷酷性からくる厳《きび》しさであるか、自己を省《かえり》み、他を参考にしてよく自己の道標《みちしるべ》としなければならぬ。

愛の峻厳を装《よそお》った冷酷、愛とも擬《まご》う情意（執着）、この二つの心を超《こ》えるためにこそ、人は神に祈り、神と一体にならねばならぬ。

私はそうした人間の深い問題を、根柢から知らせる役目を神から受け持たされているものと信じて、毎日、空即実相《くうそくじっそう》の祈りを、多くの人びとととともに祈りつづけているのである。

八、むすび

以上各章にわたって述べて来たことは、宗教哲学者や、宗教の専門家からみれば、種々異論《いろん》があると思うが、私は学問としてこの本を書いたわけではなく、安心立命への一つの道標として認《したた》めているわけで、この書を読まれて、人間とは、なるほどこのような者か、神様とはそうしたものか、とまずうなづけて、私のいうことを、そのまま素直に実行して下されば、その人が幸福になることは間違いない。その点、私は、むずかしい行を少しも説かず、直ぐその場で実行にうつせる祈りや行《おこな》いを書いているのである。この書で私の一番知ってもらいたいことは、人間一人一人には必ず守護霊が守っていて、祈れば必ずなんらかの方法でその人の問に答え、あるいは導いてくれるので、その守護霊の注意や指導に素直にしていれば、必ずその人は人間の道を全《まっと》うするということなのである。

それを信ずることは、神を真実に知る第一歩なのであり、人生を歩む非常な勇気づけになるのである。

〝我れ神と倶《とも》にあり〟〝同行二人《どうぎょうににん》〟という確信に到達《とうたつ》するのである。

神は形なく姿なきもの、とのみ思っているのは、いまだ捉《とら》われである。神は本来形なく、姿なき生命の原理ではあるが、その働きは、時に人格神《じんかくしん》ともなり、形ある人間としてわれわれの前に出現することもあるので、その点、守護霊、守護神の存在を堅く信じて常に守護霊、守護神に感謝していれば、その場その時に応じて、神の愛は、種々の人間や事物に託してその人を援助せしめるものである。

信仰は一つのものや、形に捉われたら執着になる。悟ろう悟ろうとして、肉体を傷つけ苦しませて邪魔扱《じゃまあつか》いにしている人びとがあるが、私は、それはかえって肉体に捉われているものであると思う。肉体もやはり神の生命が必要あって存在せしめているものである。肉体の世界に住む以上、肉体も大事に丁重《ていちょう》に扱うべきである。肉体生活を損ぜず、傷つけず、肉体生活の喜びを味わいながら、心が乱れぬ人間にならなければ、肉体世界における宗教の意義は非常に薄れる。肉体世界を蔑視する宗教や信仰は、この現界《げんかい》を救うことはできない。

肉体生活をそのままに、心が安心立命してゆくためには、自己が真《しん》、善《ぜん》、美《び》の想念と行動をしながら、守護霊、守護神への祈りを、毎日かかさぬようにしてもらいたいと望んでいる。

それが神我《しんが》一体の境地に入る一番の早道であると思う。

指導的立場の人や、国家や、人類のために直接働いている人びとには、個人の守護霊や守護神の他に、国を守る国常魂《くにとこのたま》や、人類の正しい発展を観《かん》じている神々が常に指導しているのである。

このことを認識せぬ指導者は、せっかく、前生の善因《ぜんいん》によって高い地位を与えられながら我意我欲《がいがよく》に流れて、自他ともに転落し、国家や、人類を苦難の底に喘《あえ》がせることになるのであるから、指導者こそ、常に生命の原理を追求し、神を想《おも》い、祈らなければならぬものである。しかもこの祈りは、必ず、人類平和、人類繁栄のために、自国が、自国の本質を発揮して、立派な働きができるように、という祈りであって、自国だけが甘い汁が吸えるようにというような、想念《おもい》であったら、自国の滅亡を祈っているのと、同じことになることを注意せねばならぬ。

相手を負かすために、神の智慧《ちえ》があるのではない。自分を生《い》かし、相手を生かすために神の智慧が人間に働いているのである。

世界に多数の国があり、多数の民族があるが、これは神が各直霊《ちょくれい》に分れ、直霊が各分霊に分れたと同じように、各国、各民族個有の独自性をもち、各々がその独自な智慧や、力を出し合って、神の意志《いし》を地上世界に創造《そうぞう》しようとしているものなのであるが、不幸にしていまだ、世界は神の意志にそわず、各国、各民族が、各自、その智慧や力を分散して、我《が》で築きあげた国家を護《まも》り堅めるために営々《えいえい》としているのである。疑っては武備《ぶび》し、武備しては戦い、戦っては傷つき、傷癒《い》えぬ間に、また戦う。敗者は悲しく、勝者また喜べぬ現世界である。

この人間世界が、分れ分れの智慧や力を、分散《ぶんさん》して現わしていたところで、相対的な勝ち負けになるだけで、一向に真実の神の世界、調和の世界はできて来ない。

その根柢がわからず、お互いが相手の力を抑《おさ》えようと研究し合っている姿は、神にとってはなはだ情けないことではなかろうか。

お互いの生命は一つの大生命（神）につながるものであり、お互いの智慧や力が、一つの根源から出ているもので、お互いの智慧や力を集積すれば、たちまち、神の世界が地上に実現するのである。これは頭でわかっても、なかなか実行できぬことであろうが、この理を最初に実行にうつした国や民族は永遠に滅びぬ神へのつながりを、確約《かくやく》したのと同じである。

この行為を実現するためには、非常なる勇気が必要である。そのためにこそ、国民の一人一人、民族の一人一人が真の信仰に入らなければならぬし、神の真意を知る偉大なる指導者が、多く生まれなければならない。

その日はいつか、それはそう遠い将来ではないと、私は信じている。

問答篇

この問答は各所の会合において出された問題のうち、適当なるものを抜萃したものである。

問　人間の誕生についてお教え下さい。

答　人間は死後、その人の過去の想念や行動によって、その霊魂の幽《ゆう》界《かい》における生活が決まり、その霊魂が種々の苦難や悲哀、あるいは喜びを味わいつつ、進化に役立つ行をするのであるが、これ以上は幽界における経験よりは、肉体界における経験のほうが、よりその霊魂の進化を促進させるに役立つと、その霊魂の教育に当たっている先輩霊（高級霊）あるいは守護神が思った場合、肉体界誕生の待合場《まちあいじょう》へその霊魂は移され、そこで肉体界誕生の日を待つのである。この場合、よほど高級な霊魂以外は意識を睡《ねむ》らされているのである。意識があっては、幽界の微妙な波動《はどう》の世界から、肉体界の粗《あら》い波動の世界に転移することが、非常に苦痛であって、普通の霊魂では耐え得られぬからである。もっとも高級な霊魂の中には、意識したまま、この苦痛を耐え忍び、母体にある程度住して、あるいは、赤《あか》児《ご》と誕生して直ちに、再び霊界に還って、自己の業因縁を、すっかり解脱《げだつ》してしまうものもある。

普通級《クラス》の霊魂は、待合場に移されて以来、幽界の記憶を喪失《そうしつ》したまま、誕生し、また再び肉体の死まで、過去の記憶を失ったままでいるのである。そうして幾度《いくたび》か、死から誕生、誕生から死へを繰りかえしつつ、業因縁を解脱してゆくのである。

この誕生する霊魂は、過去世《かこせ》において、その父母の、どちらかに深い因縁（関係）を持つ霊魂で、血縁《けつえん》が多く、その想念の周波数《しゅうはすう》が、類似《るいじ》している。そのために、子は親にその姿形がよく似ているのである。

しかし時には血縁でない場合もあるが、これとて、その想念《おもい》の周波数が類似している霊魂であることには違いない。

周波数が類似していても、その霊魂の光の大きさや、浄まり方の違い、過去世からの経験の違いによって、親子でありながら、親とは雲泥万里《うんでいばんり》の差のある大人物も生まれ、小人物もできあがるのである。

もっとも胎教《たいきょう》や、誕生後の教育の相違も、親子の差を違える力になっている。

ここで大事なことは、幽界《ゆうかい》の待合場には、多くの霊魂が、その誕生を待たされているのであり、その中にはA夫婦なら、A夫婦の関係霊魂も幾人かいるわけであって、肉体界のA夫婦の性交時の心の波動の高低《こうてい》や、想念の種類によって、その中の、その時のA夫婦の想念に一番適合する霊魂が、宿《やど》ってくるのである。

例えば、A夫婦が、高い浄らかな気持で、性交を営んでいる場合は、高い浄らかなる霊魂が宿り、争いの想念《おもい》を持ちながらの営みの場合は、荒々しい霊魂が宿るのである。

だから、夫婦関係というものは非常に大事なもので、善良な立派な子供を欲するならば、胎教や、生後の教育よりも、性交時の夫婦の心の持ち方が、さらに一層大事なのである。

この誕生については、夫婦それぞれの過去世からの因縁や、性交時の想念《おもい》などを、守護神が、観じて、その児《こ》を宿《やど》らせるのである。

また、生まれ変わりの年限は、その霊魂の因縁によって違うが、近来《きんらい》、非常にその年限が短縮されて、死後二、三年や、七、八年で生まれ変わる人がたくさんできている。しかし、霊そのものが生まれ変わるのではなく、魂《こん》（幽界に蓄積された想念、普通霊魂と呼ばれている）が魄《はく》（すなわち肉体となる原子）を、寄せ集めて、肉体界に生まれ変わってくるのである。

そのすべての原動力は、その人のみ霊元《たまもと》、いわゆる直霊から来て、守護神が、その誕生を、指揮するのである。であるから、Aという人間が、肉体界に生まれ変わりとして生活していながら、前生《ぜんしょう》からつづいているAという霊魂の想念は、幽界にも生活しているのである。いわゆる二重写《にじゅううつ》しのようになっているのである。もっといいかえると、想念は霊、幽、肉の三界《さんがい》を貫いて活動している、ということになり、その想念活動の力は、分霊から発しており、その元は直霊にあるのである。しかし、こうした説明は実にむずかしく、ややこしいので、普通は霊魂の生まれ変わり、と簡単にいっているので、そうした説明だけで、納得されていてもよいのである。ただし、この現界を、現世《うつしよ》、というのは写世《うつしよ》、霊界から写し出されている、という意味の言葉であるのだ。

問 生まれ変わりに関係があると思うのですが、現在奨励されている産児制限についてのお考えをお教え下さい。

答　産児制限の問題は、宗教的な大問題として、現今まではほとんどの宗教家が絶対反対の立場を採っており、近来一部の宗教家が、賛成を唱え初めているが、全体を通じて、まだまだ反対の立場を採る宗教家が多いのは、やはり、霊魂の進化を妨げ、神の意志に悖《もと》るものとしての、反対なのである。

ところで私は、この産児制限については、他の宗教家のように、特別神経質になってはいない。何故《なぜ》ならば、この肉体世界の人間のほとんどが、いまだ神の真の意志や、人間の本体を、知っていない今日、いくら、子供は神から来るので、自分たちの都合のために制限をするなどということは、その精霊の進化を阻害し、神の意志に悖《もと》るものである、といったところで、現実に、少ない収入で七人も八人もの子供がある上、また妊娠しては大変だと、恐れる夫婦や、血統的《けっとうてき》に悪い子供が生まれるであろうことを予想される妊娠に対して、前記のような言葉で、自然に逆《さか》らわぬことを教えたとしたら、その人たちを判断に迷わせ、恐れさせるだけで、人間の自由性を縛《しば》ることになり、かえって神の真意に悖《もと》ることになるのである。

夫婦間の性行為は、ただたんに子供を生む、というだけの目的ではなく、夫婦間の愛の交流であり、想念の交流であって、お互いの長所短所が、この行為によって、より良く交《ま》ぜ合わさり、お互いを調和せしめ、高め合う行為なのである。子を生む、ということは、その一部の目的なのである。

子を生むことだけが目的ならば、定期、定期に欲情をもよおすように、人間も創られていなければならぬはずである。

私は、妊娠以前の産児制限を、悪行為であるとは、決して思っていない。ただし、その制限によって、その家庭を、より幸福のほうに切り開いてゆくことを切望しているものである。また、もう一つ上の望みは、産児制限などせずとも、自分の家庭は、ちょうど自分に必要な子供だけでき、立派に育ってゆくものだ、ということを確信できるような、精神的悟道に入ってもらいたい、と世の人びとに望んで止《や》まぬものである。

問　人の一生は先天的《せんてんてき》に決定されているものであるか、後天的《こうてんてき》に変わり得るものかお教え下さい。

答　人の一生は過去世《かこせ》の因縁によって、大体定《き》まっているものであるが、その人が、守護霊、守護神に素直である場合、または善なる意志力の強い場合、祖先や父母が人を救っている場合、等の場合は、後天的に運命が修正される。

私が常に人びとにいうのは、守護霊、守護神に、いつも感謝し、祈っていなさい、ということなのである。守護霊、守護神といっても眼に見えるわけではないから、そんなことといってしまう人はそれまでで、素直に感謝していれば、それは直接神への感謝になるので、自分の過去世から犯して来た、悪行為、悪想念などから割《わ》り出されて一度《ひとたび》定まっているその人の悪い運命も（善い行為、善想念による善い運命は、そのまま喜べることで、別にいうことはない）悪縁に触れず、その果の出ぬように、出ても、不幸が軽く済むように、導いてくれるので、そのまま、運命は修正されてゆくのである。これは、神に素直である人の救われの道である。

意志力の強い場合、これも真理に素直であることが根柢にないと、意志力だけでは、定まった運命のままに、一生を終ってしまう。

善《よ》いといわれ、自分も善いと信じたことを、その意志力にものをいわせ、徹底してやってゆけば、運命は変わってゆく。

祖先や父母が人を救っていた場合は、この救われた人びとの感謝の想念が、自然に、その子孫の因縁の現われを弱めてくれる。また、その救われた人が霊魂である場合は、霊界から直接応援して、守護霊のように、その人を導いてくれる。これは、その人の努力とは別個《べっこ》に、運命修正の力となる。

その理を知らなくとも、人間は、愛と真《まこと》の行いをして、人を救い、自己を裁くことをも止めれば、運命は善くなってゆくのである。

問　生まれ変わる人と、生まれ変わらぬ人とは、どこが違うのですか。

答　もう肉体界に生まれ変わらなくとも済む人は、人間は神と一体なんだ、と自覚し、行いも、そのようになり得た人、この人は、直霊《ちょくれい》そのものと一体なのであるから、肉体界にいて、因縁を超える経験を積む必要がなくなるから、肉体界に出て来ない。ただし自己が肉体界を救いたい、と望んで生まれてくる、仏、菩薩はその限りでない。

また、いまだ、肉体解脱《げだつ》の境地にまで行かないけれど、霊界《れいかい》にいても、残りの経験は積めて、因縁の世界を抜け得る、と神より思われた者も生まれ変わらない。

その他は、生まれ変わって、真の人間を知るための経験を積んでゆくのである。

問　男性が、女性に生まれたり、女性が男性に生まれ変わったりすることが、あるものでしょうか、お教え下さい。

答　そういうことは随分多い。それは、前生《ぜんしょう》において、女性としての苦しみを味わいつくし、男に生まれてくればよかった、と固く思いこんだ人、または、その反対の場合、あるいは、因縁解脱への経験を積みやすくするために、守護神が、性別を変えて再生《さいせい》させる。

男性でいて女性らしい人や、女性でいて男性の性格をもっている人などはほとんど、前生と今生《こんじょう》との性別が変わっている人たちである。

霊そのものには男女の別はないので、男女の別のあるのは、魂魄《こんぱく》の世界だけである。

観世音菩薩《かんぜおんぼさつ》は男か女か、とよく問われるが、観世音菩薩、すなわち神の化身は、男女を綜合した現われで、陰陽合体《いんようがったい》の絶対身である。

問　人間の能力《のうりょく》の差は、いかなるところより生ずるか、お伺いしたい。

答　今生《こんじょう》の能力は、すべて過去世の経験、勉強が土台になっているので、過去世において、数学なら数学をよく勉強した人は、今の世で、数学に秀《ひい》で、音楽をよく学んだ者は、音楽に秀でる。天才といわれる人は、皆、過去世において、その道を極《きわ》めた人で、六歳でピアノの天才、とか、八歳で、専門家跣《せんもんかはだし》の画を描くなど、ということはみな過去世において、真剣に、その道を学んだ人たちなのである。

観相家《かんそうか》や、手相観《てそうみ》等が、この児は、何々が適職ですよ、などというのは、人相や手相に、その児の、過去世の経験が現われているからである。私はそれを、霊覚で、直覚的に教え、指導するのである。

今生には、過去世の経験が非常に大事であるので、今、正に死期《しき》にある人が死ぬまで、勉強や研究をしている姿は尊く、また来生《らいしょう》のために非常に役立つものなのである。

いかなる道の成功も、一朝一夕でできるものではなく、過去世の過去世からの、努力、研究、経験が、土台となって、ものをいうのであることを、私どもは忘れてはならぬのである。過去世を考えずに、この人間世界を見《み》廻《ま》わした場合、これほど、不平等、不均衡《ふきんこう》、不公平な世界はないので、虚《ニ》無主義者《ヒリスト》や、刹那享楽主義者《せつなきょうらくしゅぎしゃ》や、階級闘争主義者が出てくるのも無理はないのである。

しかし、その人たちは、神の意志や、業の法則から見た場合、実に不幸な人びとといわなければならない。人間は一時一分一秒も、ゆるがせにせず、自己を高め深める経験、勉強をなすべきである。その他に、自己を救う道はないので、青年が、真の人間のなんたるかを識らずに、また、識ろうともせず、ただ、いたずらに、主義、主義と叫んで業因縁の渦に巻きこまれてゆくことは、実に哀れな気がするのである。

社会、国家、人類を、真に愛し、思うならば、まず、自己を高める勉強に全身を打ちこみ、真の人間のなんたるかを、うすうすでもよいから知って、それから活動したとしても、決して遅くはない。人生は悠久《ゆうきゅう》なのである。

問 お経《きょう》をあげることは真に霊をなぐさめ、浄めることになるか。

答 誦経《ずきょう》は霊魂をなぐさめ、浄めることになる。しかし経文は仏の言葉であり、その言葉には人を悟りの道につかせる高い光が宿っているが、お経をあげるその人の心の持ち方が、お経の効果を高めもし、低めもするのである。

お経のもつ高い光は、勿論あるのだから、そのひびきは、業因縁を超《こ》えて、幽界にとどくわけなのだが、誦《よ》む人の心に、愛もなく、信もなく、ただ習慣的に誦んだり、周囲の関係で、しかたなく誦んだりしたのでは、その人の心の波と、お経のもつ高い波とが、合致《がっち》せず、そのひびきは、幽界の霊魂にとどかぬので、効果がないということになるのである。

お経を誦む時は、やはり、その経文に心を集中してあげることが第一で、そうすれば心が空《くう》に近くなるので、その空に、お経の光が充満し、その人と因縁のある霊魂にひびいてゆき、霊魂の因縁を浄めることになる。

僧侶に誦経してもらう時は、その僧侶の人格の高さ、悟りの程度と、施《せ》者《しゃ》の愛念の深さによって、そのお経の功徳《くどく》の現われ方が違うのである。のりともこれと等《ひと》しい。

問　生長の家では、神は無限の供給である、と教えておりますが、それは、天国とか、極楽だけのことでしょうか。現象界にも、実現可能とすれば、どういう風に行《ぎょう》じたらよいのでしょう。

答　真《まこと》に神は無限の供給そのものである。まず、生命が、神から来た最初のものであり、その生命こそ、神の無限供給の実現者である。従って、生命を真剣に生かそうとしている人は、その生命の働きにつれて、その生命を生かしてゆくのに必要な物質、その他の供給が絶えず行なわれているのである。

生命を生かすとは、どういうことか、というと、何事にも真剣になる、ということで、なまけていて、無限の供給を得よう、という心ほど、神から離れる心はないのである。その環境や、置かれた立場にあって、全力を尽《つく》すことが、神の心に適《かな》うので、無限供給につらなるのである。

現在の立場に素直になることである。置かれた立場というのは、各人の業因縁によって、現われた環境であって、その環境の中で、その人が、自己の全力を尽してゆくことが、その業因縁を超える最大のなすべきことであり、その態度こそ、無限供給を得る第一の行なのである。無限供給とは、家に積みあまるほど物質があるということではなく、必要に従って、必要な智慧や人や物や立場が出てくることである。

問　俗に、狐《きつね》とか、狸《たぬき》が憑《つ》くといわれているが事実あることでしょうか。

答　狐、狸といっても、動物の狐狸《こり》のことをいうのではないので、幽界に住む、感情霊、動物霊ともいう、霊魂のことなのである。

医学でいう精神病や、行者《ぎょうじゃ》の一部には、こうした感情霊に憑依《ひょうい》されている場合がたくさんある。神詣《かみまい》りばかりしている人が、突然、種々の予言をするようになったりすることがあるが、この場合にも、この感情霊の作用が多い。

この感情霊は、霊と普通にいわれているが、実は魂《こん》（因縁の波の集まり）

つまり、迷いの念の波の中に生まれたもので、迷いの念の一つの現われともいえる。すべて、興味本意、感情本意に行動していて、人間のように、愛（神）を内部に持っている霊魂《れいこん》ではないのである。従って、人間の本体（本性）とは、まるで違った生物なのである。いいかえれば、人間にとって一番大事な心、愛と知性を取り除いた、その他の念《おも》いでできているものである、といっても間違いではない。

人間の中にも、愛も知性もなく、利害や、感情のみで、敵になったり、味方になったり、やたら褒《ほ》めたり、けなしたりする徒輩《やから》があるが、こうした人たちは、人間というよりは、動物霊に近いというべきで、こうした念の人が、幽界に行くと、今度は、これらの動物霊と、一つになって、迷信家や、低い念の行者に憑依して、肉体の人間を面白半分に迷わせるのである。形の世界は、すべて、想いが写ってできているので、狐のような想いは、そのような形に、蛇《へび》のような想いは、蛇のような形に霊眼に見えたりするのである。（心霊家や、研究家の一部では、天狗《てんぐ》、狐、狸などを、自然霊と呼んでいるが、私はただたんに感情霊と呼んでおく。何故ならば、私の説明は自然霊と呼ぶ広範囲の説明ではないからである）

こうした感情霊の憑依をうけぬためには、私の最も主張する、守護霊、守護神への感謝と、愛と真心の行動をしていればよいので、いたずらに奇を好み、霊力を欲するような態度は、厳《げん》に戒《いまし》むべきである。

懸命《けんめい》に信仰をしているように、自分も思い、人にも思われていながら、不幸が絶えぬ人や、信仰していることが、かえって家庭の調和を乱している人や、信仰しているその信仰のしかたや、日常の行動が、奇矯《ききょう》に流れているようでは、その信仰のしかたのどこかに誤りがあるので、そうした人の家庭には憑依霊作用が多いのである。

興味本位の神廻《まわ》りや、ご利益《りやく》本位の信仰は、実に危《あぶ》ない気がするのである。

まず、よく自己の本心を顧《かえり》みて、一生はおろか、神と真に一体になるまで、導いてくれる良い師に出会うよう、守護霊、守護神に祈るべきである。守護霊は、自己と全く一つの者であるともいえるので、心の中で、常に守護霊、守護神を念《ねん》じていれば、必ず、その人を邪道《じゃどう》から引き出してくれるのである。

そうした心で、入った信仰や、集まりなら、たとえ、その入会の動機が、ご利益からであっても、ついには、真《まこと》の浄まりにまで、その人を高めてくれるに違いない。そうなれば、憑依霊の心配は勿論ないのである。

問 神は一つであるのに、何故、各国、各人種に人間を分けたのでしょう。

答 神の自己顕現の過程において、各国、各人種に分かれ、各別個の生活を営んでいるのは、神が、各直霊となり、各分霊と分かれて、この人類世界を創《つく》ったのと同じ経過なのである。（本文参照）各国、各人類、民族、それぞれの個性、特徴をもっていてそれをお互いが、極度に発揮しながら、お互いの力を交流し合い、利《り》し合い、多でありながら、一つに調和してゆき、神の意志を、人類世界に顕現してゆくのが、この現界の人間なのである。しかしこの人間だけでは、この仕事は、なかなか困難なので、神は、守護神、守護霊を、各国、各民族の背後に控《ひか》えさせ、神界、霊界から、神の意志の達成、即ち、帰一《きいつ》、大調和の人類世界創造のための一大応援運動がなされているのである。肉体の人間のみが働いて、世界平和を実現しようとし、できると思っているとしたら、大変な大間違いで、神界、霊界の一大応援がなければ、人間の業生の流れに、人類はしだいに押し流されてしまうのである。しかし、あくまで、この人類世界は、肉体人間が主《しゅ》であって、神人、霊人は、常に背後の応援者であることを忘れてはいけない。

個人の我《が》、国の我、民族の我から出た智恵や力では、決して神の意志達成の道を切り開くことはできない。個人も、国も、民族も、すべてが、すべての個人のため、すべての国家のため、すべての民族のため、強い、深い、高い愛の心から再出発しなければ、到底、世界国家も、世界平和も望み得ないのである。

神は、神人、霊人の多くを使って、肉体人間のすべての行動を愛一元になすべく、大きな働きを現在なしつつあることを、世界各国の指導者は、まず悟らなければいけない。

素直に、神に祈る心を持たぬ指導者は、早晩《そうばん》滅びてしまうに違いない。何故ならば、そうした指導者の下《もと》では、決して、世界平和の、神の国はこの地上界に実現しないからである。

問　生まれながら、神事、仏事の好きな人と、嫌いな人とがいますが、どういうわけでしょう。

答　それは、すべて過去世の因縁によるもので、神詣《かみまい》りが好きだから、その人が立派であるとか、宗教団体に入っているからその人は清いとか、簡単にはいえない。

宗教団体に入らなくとも、神詣りしなくとも、立派な人はたくさんいる。立派といわれる人は、すべて自己の良心に忠実であり、愛の心深い人である。自己利益だけの宗教入りや、神詣りより、そうしたことをしなくとも、愛の心で、他人のために尽している人が、よほど、神の心に適《かな》うのである。

神とは愛の心であり、良心であるから、愛の心にとぼしく、良心にそむいているままの心で、神詣りしたとて、なんにもならない。愛の心深く、良心に忠実で、しかも神を識《し》るための宗教に入っている人が一番立派であり、自己の幸福にもなるのである。

問　人間には、肉体の他《ほか》に幽体があるといわれますが、幽体はどのような役をしているのでしょう。

答 幽体とは、人間の想念《おもい》や、行為の記録体とでもいうべき体で、肉体に重なり合って、肉体のような形をもったガス体である。このガス体の大きさや、色によって、その人の霊性の高低や、性格、運命がよくわかるのである。よく魂を見たというが、それは、霊を見たのではなく、この幽体（念体を含めた）を見たので、魂とは、幽体に分霊が乗っている状態、いわゆる、分霊が幽界にいる状態をいうのである。

幽体はその人、その人によって、大きさや色（想念、行為の集積が色になる）が違うので、幽体の大きな人が、主《おも》に宗教に熱心になったり、やたらに神詣りしたりするのである。人の想念を受けやすかったり、幽界からの念波に感応しやすい人は、おおむね幽体の大きな人で、その幽体に蓄積されている想念の汚れている人は、低級な想いに憑《つ》かれやすく、幽体が浄まっている人は、高級な霊の感応を受けることができる。

幽体の色は軽い色ほど、澄み浄まっていることになるので、金色《こんじき》に輝いている時は、すでに幽体はなく、神の光、そのものが、輝いていることになる。そして、重い色になるほど、汚れが多いということになる。紫や青系統の色をもった幽体などは、高級な人格であるといえるのである。普通会っていて、その雰囲気が澄み切ったように感じられる人は、大体高級な人格者であると思って間違いあるまい。

とにかく、常に、善なる想念、愛の行いをすることを心掛けていれば、ついには、特別に心掛けなくとも、自然な素直な形で、愛行のできる人間になってゆくのである。人間は肉体生活が、すべてでなく、幽界の生活、霊界の生活が、肉体生活の後《うしろ》に待っていることを、よくよく考えて、肉体生活のうちに、自己の想念《おもい》を浄め、行ないを直しておかなくてはいけない。

問　キリスト教では、造物主《ぞうぶつしゅ》を認め、仏教では、造物主を認めていないように思われますが、この点いかがなものでしょう。

答　これはなかなかむずかしい問題である。キリスト教では、生《い》きとし生けるもの、すべてが神に造られたものとしているのも、勿論誤りではないが、といって、仏教のように、この世界は、すべて、無明《むみょう》より生じた、と十二因縁を説いているのもその裏に、すべてのものに仏性あり、と説いていることと合わせて、実に素晴しい説き方であると思う。

無明から、十二因縁説だけでは、真の仏教は生きて来ないし、すべてのものに仏性あり、とすましていただけでは、やはり、釈尊の偉大さは出て来ない。

しかし、キリスト教でも、仏教と同じように、内在《ないざい》する神（仏）を説き、みずから播《ま》いた種は、みずから刈《か》らねばならぬ、と仏教の因縁説と等しい原理を説いている。

ただし、キリスト教の説き方からすると、形ある世界を、宇宙神そのものが、みずから創造したように思われ、仏教では、この人間の世界（幽界も含めて）は、業《カルマ》が創造したと説いている。であるから、キリスト教のほうが単純にわかりやすく、神様と、素直に神に従属的についてゆく形になりやすい。まして、イエスという、神への媒介者がいるのであるから、イエスを通して、神に自己の罪を許してもらい、天国に導いてもらうということになる。これはちょうど、仏教の真宗系統の、一向専心念仏行、即ち、西方極楽浄土《さいほうごくらくじょうど》に在《いま》す、阿弥陀仏にひたすらおすがりする南無阿弥陀仏と唱名していれば、死んでから必ず極楽往生ができる、という教えと一致している。

前者は、イエス・キリストであり、後者は、阿弥陀仏である、の違いだけである。

キリスト教の我は神に造られたる者である、と肉体人間、そのものまで、宇宙神に創造された、という考え方だけでは、人間が、神に従属したものになり、人間は外なる力にすべてを左右される不自由身になってしまう。

しかし、聖書は一面、そうした造物主を説きながら、他面、神は我がうちに在り、と内在の神を説いている。そうして、神は愛であるから、愛の行いをした者、真理（神）に素直な者が神の国に入れることをしきりに説いている。これは、仏教の自己の業因縁が自己の運命を創り、この業因縁を超《こ》えるためには、空《くう》（心を空《から》っぽ）にして、内部の仏性を悟らなければならぬ。といっているのと、表が裏になり、裏が表になっているだけで、違いはないのであるが、大いに違いのあるところは、仏教が、華厳《けごん》経その他で、実相界、仏の世界の荘厳《そうごん》さ、美しさ、素晴しさを、しきりに示しているいることと、神《じん》という言葉で、様々の霊のことや霊界のことを画《えが》いていることである。その点、仏教のほうが、多岐多面《たきためん》に、仏（神）と人間の世界を説いていることになる。キリスト教では、一度《ひとたび》は神に造られたる人間と、肉体人間を被造物《ひぞうぶつ》の立場に置き、しかし、造られた肉体人間のうちには、厳然として創造主の神が住んでおられる。だから、内部の神の声に従って生きなければ、人間は救われない。肉体人間の、神を忘れた智恵や力では、ますます、罪（業）を重ねてしまう。そこで、イエスが全人類の罪を背負い、十字架に掛かったのだから、イエス・キリストにすがりついて、過去の罪を忘れ、愛の行い、素直な心で生活してゆけ、と説いているので、造物主説でも、業生説《カルマ》でも後の内容をよく理解すれば同じなので、各人が考え良いほうに思えばよい。（私の考えは本文によく書いてあるから、聖書や、仏典と併《あわ》せ読んでもらいたい）

問　私は努めて愛の行いに励み、感謝の気持で日々を過しているつもりですが、次から次へと病気や不幸が絶えませんが、この場合、いったいどうしたらよいのでしょう。

答　善事をしつづけながらも、なかなか不幸な出来事が消えぬような人もたくさんある。しかし、これは憂《うれ》うべき事態ではなく、その人自身や、一家一族の進歩してゆく姿なのである。それは、過去世から蓄積されてある、その人または、祖先の悪因縁が、その人の時になって、表面にはっきり現われ、次々と消え去ってゆく姿だからである。人間には、肉体の世界以外に、幽界、霊界の世界があるのだから、一番苦しみの軽い肉体界で、過去世の蓄積された業因縁をでき得るかぎり消滅し去っておいたほうが、その人や、その人の祖先、または子孫のためにも幸福である。従って、善事をなせばなすほど、不幸な出来事が、より多く現われる場合もある。しかし、それは真の不幸ではなく、潜在していた不幸が、いち早く現われたに過ぎず、その不幸が、より長く潜在していて現われぬと、その人自体が現在味わっている不幸の何層倍かの不幸になって、やがて現われてくるのである。であるから、どんな不幸が現われようと、この現れによって、自分及び、祖先の業因縁が完全に消え去ってゆくのである、と堅《かた》く信じなければならない。神は善事をなしている者に、決して不幸を与えるわけがないのである。絶対にないことを私は明言する。従って、その人は、自己の想念《おもい》や、行為を、よく内省《ないせい》して、どう考えても自己の想念、行為に間違いなし、と信じられたら、そのまま、業の消えてゆく姿である、これから必ず良くなる、と断乎《だんこ》として思うべきである。その勇気こそ、その人を救い、その人の周囲を救う祈りなのである。

といって、今生で、あまり不幸に会わぬ人は、幽界で必ず苦しむか、というと、そうではない。過去世に善行《ぜんこう》をたくさん積んであった人は、今の現世で、あまり不幸に会わぬことになる。たいして才能もなさそうな人が、意外な金力に恵まれ、名実ともに幸福な生涯を終わる場合もある。これらは、過去世の善因縁の結果であるから、幽界に行って苦しむ、とは限らない。現象の人間は、過去世の因縁、プラス、現在の想念、行為がその人の運命を定《さだ》めるのであるが、これが、また未来の運命とも深い関係をもつことなるのである。ただ、人間の真の姿は霊であって、業因縁に捉《とら》われるような者でなく、自由自在であると観《かん》じ、いかなる業因縁の動きにも、超然としていられる心境になれば、現象の不幸は忽然と消え去って、再び現われなくなるものである。そして、その人は業因縁の輪廻《りんね》を超《こ》えた神の世界に入り得るのである。

問　或る宗教では、その宗教に入ると、神棚、仏壇、すべてのお札などを廃して、お曼陀羅《まんだら》だけ掛けて拝《おが》め、というのですが、こんなことをしてよいのでしょうか。

答　宗教の本質は、人間を仏（神）のみ心に帰一させ、安心立命の境地に入らせることにあり、随伴《ずいはん》的に現象のご利益があるわけだから、その本質をまず認識してから宗教を択《えら》ばなければいけない。

宗教が、一つの型に固執《こしゅう》する時は、すでに真理の自由自在性を縛《しば》ることになるので、そうしてはいけない、こうしてはいけない、と、形のことばかりに注文を出すような教え方を、私は採《と》らない。

その宗教では、曼陀羅の中に、本尊、即ちすべてがある、という意味で、その他のものは不用だ、というのであろうが、それが肯定できれば、それでもよし、できなければ、断然その宗教入りを拒否すればよい。要は安心立命のためのものであることを忘れてはいけない。ここで知っておかねばならぬことは、霊魂は幽界に住《じゅう》して生きており、その霊魂が肉体を離れた時に関係していた宗旨《しゅうし》、あるいは祖先からの宗旨というものが、仏壇に置かれてある、戒名に縁を結んであるもので、その戒名を通したほうが、現界の人の供養《くよう》がよく通じるということである。そうしたことも、供養する側が超越できる心境にある場合、即ち、神は自己のうちにあるので、ひたすら自己のうちの神をひき出して祈れば、相手の神性もひき出され、立派な供養になるのだ、とはっきり識っている人は別として、普通の心境の人は、あまりそうした、常識をはずした宗教には入らぬほうがよいと思う。

そのようなことで迷う人は、まず自己の運命にたいしての勇気をもつことが、第一なのであるから、真の勇気をつけることのできる師《し》を選ぶのが、第一である。

勇気は愛とともに人類の進化の最も大事な心である。

問 精神病、小児麻痺、癲癇《てんかん》等々、医学ではほとんど、手にあましているような病気はいったいどこに原因があるのでしょう。

答 それらの病気はほとんど憑念《ひょうねん》の作用である。憑念即ち、普通いわれている憑依霊《ひょういれい》のための病気といえる。

人間の肉体が完全な形で活動（病気なく悪行為のない働き）しているのは、神界からの生命の光が、途中、さわりなく、肉体界に投影している状態なのであるが、普通いう病気や、不幸、悪行為の現れは、神からの光が、まず、幽界において、その人の悪想念（悪因縁）の集積に汚《けが》され、その汚《よご》れた波が、その悪想念の形に従って、肉体の病気の種類、不幸、悪行為の形に定まって現われるのである。しかし、問のような病気の場合は、その人の悪想念というより、その人の祖先や、因縁のある霊魂のうち、いまだ迷界（迷っている霊魂のいるところ）にいる霊魂の、迷いの念の波が、神から来る光をさえぎって、その人間の肉体を、不自由な状態にしてしまうのである。生命の光が百燭光《しょっこう》あれば完全に生きられるのを、十燭光も、ともらぬような、光波の流れになっては、肉体が不自由になるのは当然である。であるから、この病気を治すには、横からさえぎる、汚れの念波を、浄めるか、そらすかの二つの道よりないのである。科学で、この方法をとれば、それで癒《い》えるわけだが、現代ではいまだ、そこまで医術が進歩していないように見える。そのため、宗教家が、迷える霊魂に、祈りによって強力な、光波を当てて、その霊魂の迷いを醒《さ》ます方法をとっているのである。

精神病の場合などは、医者は電気療法をやって、そのショックにより、脳神経の調整をはかっているようだが、これらは、私のいう精神波長の修正なのである。しかし、憑依している想念の波（迷える霊魂）には種々の種類があるのだから、誰にでも、同じような波長の電気療法をやっても、効果は少ないのである。それよりも先に、精神病の原因というものは、その人の精神状態の不調和に牽引《けんいん》されて、外部（幽界）から迷える霊魂、いわゆる同じような不調和な想念《おもい》が感応してくることによっての病状であることを識《し》らねばならぬ。その原因を知って、その人の抑圧《よくあつ》された想念《おもい》をまず解きほぐしてやることから始めなければならぬ。病気というものが、なんでも肉体及び、肉体機能の一部としての精神作用からのみ起こると思っているようでは、病人の数は総体的に減ってゆくことはないであろう。

医学が、今までのような方法にのみ捉《とら》われず、病気とは、肉体外の世界の不調和によることもあるのだ、という面への研究もしてゆくことにより、肉体、精神、心霊の三医学の完成を見、巷間《こうかん》の、いかがわしい迷信治療を抑えてゆくことができるのではなかろうか。病気治療は医者の専門である、と国家がいう以上は、その位の研究を医学界に薦《すす》める義務があると思う。

問　姓名を変えることにより運命が変わったり、方位学の方除《ほうよ》けによって幸福になったりすることがあるものでしょうか。

答　姓名をただ変えただけで運命が良くなる、ということはない。

姓は祖先の歴史（因縁《いんねん》）を現わし、名は、その人の過去世の因縁を現わしているので、姓名を観《み》て、その人の性格や、過去の運命を当てたりすることはできる。しかし、その姓名のひびきだけが、その人の運命を造ってゆくのではない。何《なに》の何某《なにがし》とつけられた姓名の、そのつけられる前、即ち生まれる前に、すでに今生の運命を現わしてゆく素因《もとのいん》があるので、その素因が、何がしという姓をもつ家に、何某という名をつけられるように生まれてくるのである。その名が、運命を造ってゆくのではなく、その名が、その人の過去世からの因縁、即ち、過去世においていかなることをし、いかなる想念をもって生きていた人間であったか、ということを示しているのである。

であるから、その過去世の、その人の因縁、つまり、行為の習慣、性格の傾向等々を素《もと》にして、今生の運命を推察《すいさつ》してゆくことができるのである。それが姓名学なのである。しかし、それは、あくまで推理であって、できあがっている運命を見るのではない。確定しているものをいうのではないので、当たることもあろうが、当たらぬことも多い。姓名学は、その姓名と、生まれ年月日を加えて観なければならぬことになっているので、生まれ年月日さえも聞かず、姓名だけで、人の運命を云々《うんぬん》するようなことは、非常に悪いことである。生まれ年月日を加えて、その道の達人《たつじん》が観た場合でも、それは、あくまで、過去世の因縁の現れから推理を下しているに過ぎないので、その人が、過去世の因縁として現わしている名前そのものを変えたとしても、その人の過去世からの悪因縁、つまり、性格の短所、生き方の欠点を修正してゆかなければ、到底、姓名学だけで、運命を良くすることはできないのである。

私が姓名判断に、一番不満を感じるところは、大体の姓名判断者は、運命の欠陥《けっかん》をまず突《つ》くことなのである。

この姓名では、何年何月頃大病する、とか、結婚運が悪いとか、はては短命だとかいい切る人が多いのである。それは、お前の因縁は、こうなんだから、名前を変えなければ、その悪因縁の通りになるのだ、と、その人の心の中《うち》に、その人の悪因縁（悪い運命）を深く認識させてしまうようなもので、その人の運命を、過去世の因縁に縛りつけてしまうことになるのである。それは一種の強迫観念を植えつけることになるので真の救済からは、ほど遠い方法なのである。まして、よほどの達人でないかぎり、過去世の因縁から姓名のひびきを通して、真の未来を予見することは困難なのであるから、まずまず姓名学は、出産児の名前をつける時ぐらいにしておいたほうがよいのであろう。名前など変えなくとも、自己が、自己の長所、短所をよく識って、その長所を伸ばすことに真剣になることによって、運命は変わってゆくのである。まして、真の信仰に入った人などは、そうした姓名学の範疇《はんちゅう》から超越してしまうのである。

私の姓名五井昌久《ごいまさひさ》は、どの姓名学で観ても、総格《そうかく》十九格または二十格（熊崎式）の空《から》っぽ数といって、非常な悪い運命をもっている。他、井と昌と合わせた主運数というのが、十二格で、これまた悪く、それに陰陽の配列も凶《きょう》であって、善いところは、昌久という名前だけである。これを綜合的に説明すれば、青年期までは非常に恵まれるが、後半年以下は、何をやっても、途中挫折《ざせつ》し、悲運に悲運がつづくということになっているそうである。それに、両親、兄弟の縁薄く、常に孤独である、という、おまけもつくのである。ところが、私の運命は、まるで、この説とは反対で、青年期まではほとんど常識的にいう、恵まれた、という環境ではなかったが、幸いに、いまだに両親とも健在で兄弟姉妹《きょうだいしまい》、五人が無事でいる。その上、私の運命は、青年期から急上昇して、今日にいたっているのであって、孤独とはおよそ反対な、賑やかな日常生活である。

これは姓名学が誤りであるのか、私が、姓名学的因縁の境界を超越し得たのか、どちらかであるに違いない。とすれば、もし悪い姓名であっても、心さえ変えれば、その運命は変えられる、ということになる。ともあれ、人間は、自己の運命に暗い影を投ずるような教えや、暗示を離れ、ひたすら、明るい、希望ある生活に飛びこめるような団体や、教えに導かれるようにすべきである。

汝《なんじ》の運命を、汝のうちにある神に一任すべし、と私はいいたい。人事を尽《つく》した時、神はその人の運命を展《ひら》いてくれるにきまっているので、いろいろ恐《おそ》れおののいて、自己の運命を覗《のぞ》いて見たりしてはいけない。自己に荷《か》せられたる運命なら、いさぎよく受けよう、という勇気こそ、その人の運命を切り展く、最大の力なのである。人間よ勇気を持て、である。

次に、方位方角のことであるが、それはやはり、種々の研究の結果、学問体系をもって、権威づけられているもので、否定し得るものではない。従って方除《ほうよけ》したら、自己の運命を改善できる、と信じたらやればよいのであるが、私は、そうした学問や教えによって、人間が、自己の行動に臆病《おくびょう》になり、いちいち、そうしたことによって自由を縛られて行動するようになることを恐れる。偉大な仕事をした人たちが、いちいち方位方角を調べて、仕事をしていたか、というと、そうではなさそうである。自己が自己の信念のもとに、全力を尽して突《つ》き進む時、おのずから、自己の運命を展き得るような、方位方角に、神（守護神、守護霊）が自己を導いて下さるのである。自己を信ずることのできぬ人は、毎日数多く、守護霊、守護神の加護《かご》を心に念じて、行動していれば、自然に自己の運命に信念がついてくるものである。神常に我と倶《とも》にあり、という信念を自己の心に植えつけることのほうが、姓名学や、方位学よりも、先にならなければ、その人は救われの道に入り得まい。

問 私たちは、平常、どういう心構えで生活していることが大事なのでしょう。

答 人間は、自己一人だけが、生活したり、自分一家だけが生活したりしているのではないことを、まずはっきり認識して、自己や自分一家の行動が対社会に及ぼす影響ということを考えの根本において、生活することが大事である。自分一家だけの幸福という考え方は、往々、隣りと衝突したり、対社会性を失ったりする場合が多いのである。であるから、常に相手のためになるように、相手を傷つけぬように、とともに自己をも傷つけぬように、の心掛けを習慣づけることである。すべてを生《い》かす、という精神こそ、誰にとっても一番大事な心掛けである。国家の場合も同じである。

誰でもが、このような心掛けになったならば、むずかしい理論も何も要《い》らずに、社会も国も、世界もよくなるに違いない。相手も自分も生かす法、すなわち愛。

問 キリストは、女を見て色情《しきじょう》を起こす者は、すでに姦淫《かんいん》したる者なり、という意味のことをいっておりますが、そうしたことが真実としますと、青年以上で姦淫せぬ男性はほとんどないということになりますが、この点について先生のご意見を伺いたい。

答 私は青年時代、そのことで非常に悩んだものである。心で思うだけでもいけない、ということは、どんなに辛《つら》いことかわからない。しかも思春期の青年が清い心の持ち主であればあるほど、苦しいのである。

私は色情の心について、キリストのように苛酷《かこく》ではない。ああした言葉は、薬にもなるけれど、非常に善良な人間の心を痛める。あの言葉だけ、ぽつんと一つ聞かされると、イエスは、たいした人間ではない、と思わされる。しかし、あの頃の時代を考えると、あのくらいの、極端な言葉を吐《は》かなければ、とても効果がないほど、乱れた男女の交りが多かったからで、時代の開きを考慮に入れなければいけない。

私は、常に、心に起こる悪想念は、その想念《おもい》が起こった時、過去の悪想念が、その起こった想念だけ消えんとしている時だ、と説明している。心に色情が起こった場合、いけない、と思えば、思うほど、よけいに起こってくるものであって、とめようとするより、他に心を転じるほうが、消しやすいのであるが、その、他に心を転じることが、またむずかしいのである。そこで私は、そうした場合は、色情の起こるにまかせておくほうがよい、というのである。その想いに迷うことは、かえって湧きあがってくる想いを、消し去るのに時間がかかるのである。底にひそんでいるものが出てくるのだから、出るだけ出れば、必ず消えるのである。止めれば、止まるような弱い湧きあがり方ではないことを男性は、みな経験しているのである。

湧きあがっている時が悪いのではないのである。男性としては不可抗力ともいえるこの力は、肉体人間の善悪を超えた力である。そうした想いの力が、女性を見て起こるだけで、悪である、と、とがめられたりしたら、たまらない。その想念《おもい》を消し去る時の心構えや、方法によって、これが、未来の悪因になるか、ならぬかがきまるのである。とにかく、想念《おもい》も、行為も、すべて、過去の因縁の消えてゆく姿であることを識って、あまり自己の心を痛めるような思い方をしないほうが、神の心に適《かな》うのである。人間は、まして男性は、心をいじいじさせずに、堂々と生きるほうが好ましい。自己の行為をつつしむばかりで、善に対する積極性のない人は、大きな有益な仕事はできない。

問　先生は、名前を聞いただけで、その性格や行動が、はっきりおわかりになりますが、どうしてそれがわかるのですか。それに、その人の生死さえもわかるというのは、どういうわけなのでしょう。

答　これはなかなか説明しにくいのであるが、わかりやすく説明しよう。

私にとって、その人の氏名などは、どちらでもよいので、問う人が、その人の氏名を私に伝えよう、とする時、もうすでに、私の心は、その人の心に通じているのである。それはどういうことであるかというと、この世界はすべて、光の波、想念《おもい》の波で、できているので、各人が、その想念の波につつまれて生活しているのである。例えばAという人が、過去世から発している想念の波の中で、その想念の因あるいは縁に触れる人たちや事物と交流して、その生活を営んでいるのであって、その人には、その人独特の世界があるのである。そして各人は、各人の独特の世界をお互い持ちながら、因縁相合して、交流し合っているのである。

その想念《おもい》の波の世界を、幽界というので、その幽界、個人では幽体に画《えが》かれている、想念の波、行動の波を、その瞬間、私の心は観じてくるのである。どうして観じられるかというと、私は、私という想念《おもい》を、その瞬間、無にすることができるので、私の心は空になっていて、その空の中に、Aなる人の幽体に画かれている性格や運命が、浮かび出てくるのである。何《な》故《ぜ》ならば、空とは、宇宙大に拡大したことと等しいことになるので、宇宙の中の小宇宙である、Aという人は、その間、私、すなわち宇宙大に拡がった、心の中に生活していることになるので、Aという人のことが、そのまま私にわかるのである。この場合、Aという人と、そのAについて問う人が、一面識もなくとも、同じである。

同じという原理は、問う人にとって、Aが、一面識もない、ということは、この肉体界においてのことであって、その人が、私にAのことを問うほどの状態は、過去世においての、なんらかの、因縁のつながりを持っていることを示すので、過去世からなんのつながりもない人は、口の端《は》にも、その名前が出ないことになるのである。私は、その僅かなことを媒介《ばいかい》として、そのAを探すことができるのである。

私はAのことについて識《し》り得ると、識り得たすべてを問う人に告げるのではなく、問う人にとって、真実必要なことだけを教えるのである。

結婚の場合などは、男の性格と女の性格との相性と、その男女の過去世における因縁の善悪を、よく見定めて、良否を決定するのである。過去世において、相敵対視していた男女が、恨《うら》み恨まれたままの想念で、この現世に生まれて来た場合など、表面的に顕在意識《あらわれのこころ》で、好き合って結婚しても、結婚後、過去世の想念が、潜在意識から、自然転回の業の法則にのって、表面（顕在意識）に現われ始め、しだいに争い始め、ついに大きな悲劇にまで発展してゆくのである。

私は、こうした人たちの結婚の相談を受けると、どんなに表面的に心が合っているように、当人や周囲の人たちが思おうとも、断乎《だんこ》として、この結婚に反対してしまうのである。そのため一時は、その男女に恨まれたりする場合もあるが、是非《ぜひ》もない、と思っている。その点、こうした人たちの結婚後の争いの仲裁を依頼されると、子供の特別多い場合の他は、離婚を薦《すす》める場合が少なくないのである。こうした人たちを、そのまま拝み合わせるように仕向けても、結局は、この現世では到底《とうてい》拝み合えぬ深い業因の結ばれであることが多いのである。その理を識《し》らぬ宗教家たちが、ただ、やたらに調和調和と拝み合わせようとしたところで、時間がたてば、時間がたつほど、切り得ぬ縁になって、はては殺傷事件すら起こってしまうのである。結婚したら、絶対に別れられない、と決めてしまっては、こんな場合があるので、人間の救いが狭《せば》められてしまうであろう。

真の調和は、在るべきところに、在るべき人を置くことになり、合うべき男性に、合うべき女性を配すべきである。こうしたことの指導のできる人の多くなることを私は望んでいる。

ただ、常に守護霊、守護神に感謝し、加護を願っている人たちは、必ず、良き配偶者を与えられる、と私は信じている。とにかく明るい想念をいつも発していることが、一番である。

私は、愛の深い、善良な人の名前を聞くと、その瞬間、実に深い愛の心が私に写ってきて、実に良い気持ちになる。素晴しい芸術家の名前を聞いた場合でも、実に素晴しい良い気持ちがする。先日も、シゲティの若い時代の写真を新聞で見た時、なんともいえぬ、良い気持ちになった。素晴しい音楽が、その写真から聞こえてくる（観じられてくること）のである。愛の心と、善き芸術とは等しい美しさをもっているのである。私は常に人間の肉体を観ているのではなく、その想念を観ているのである。何故ならば、私の本住《ほんじゅう》の地は、この肉体の世界ではないからである。

次に生死の見分け方は、分霊からくる光の波が、肉体界に流れてきていないか、肉休界まで流れてきているか、によってわかる。もうすでに霊の光波が、肉体界への流れを止めていても、幽体が肉体を離れず、肉体に送るべき光波が、その幽体に蓄電池式に残っている場合は、死期は近いながら、いまだ肉体界の生活を営んでいるのである。しかし、蓄積された光波（生命）が消えてしまえば、その時、肉体は倒れるのである。

テレビジョンは、霊界（幽界を含む）、肉体界の関係を実によく現わしている。

テレビジョン放送局で、種々の劇をやっているが、スイッチを入れて、受像機のブラウン管に写し出さなければ、ブラウン管になんの画面も出ていないことになるが、一度スイッチが入り、電流（光波、音波）が流れてくると、放送局でやっている劇や人物がその波に乗って、ブラウン管に現われて、活躍することになる。

人間の肉体は、ちょうど、テレビジョン受像機に相当し、霊界は、テレビジョン放送局に相当する。そして、その放送局から、受像機までの空間に幽界があり、肉体の運命と現われる業因、業縁が行き交うている、ということになる。肉体（受像機）の側からいえば、肉体（受像機）がないことは、そこに何もないことになり、人間はいない、即ち死であることになる。しかし、放送局（霊界）では、依然《いぜん》として劇はつづいており、その波動はひびいているので、人間は受像機（肉体）に写らぬだけで、活躍しているのである。

その人間の活躍を私は、霊界（放送局の舞台）からも、その途中の幽界からも、肉体（受像機）からでも、どちらからでも、見ていられる立場にいるのである。

問　盗難や、失せ物などを聞くと、それは何歳位の、こうした顔の人が盗った、などと教えてくれる行者さんがよくありますが、これは本当に正確なものでしょうか。

答　その答えが、正確である、正確でない、というより以前に、そうした霊能で犯人や罪人を指摘したりすること、自体が、神の意志にそうことではなかろう、と私は思う。

霊能は、神から来るものでなければならぬ。たとえ、それが、神霊直接でなく、もっと低い霊界からの指導であってもよいが、その指導は、常に、弟子あるいは聴聞者《ちょうもんしゃ》の魂の進歩に役立つものでなければならぬ。ただ、たんに犯人を指摘して、罪人を造る手伝いをすること、つまり人を裁《さば》くことを、一人の人間や、一つの家のためにやったりすることは、霊能者の本来性から外れている。霊能者は本来宗教者であるべきなので、単なる当て物やになったら、ましてや人を傷つけるために役立つようになったら、神の心から、まるで離れた存在になってしまう。この意味をまず知ってもらって、問の答にうつろう。

その犯人は、何歳位の、こうした顔立ち等と、答える場合、本当にその人の場合もあれば、あるいは、聞く人の潜在意識をみて、聞く人が、あの人が怪《あや》しい、と思っているような人を名指《なざ》したり、指摘したりすることが多いのである。その場合、その行者（霊能者）は、その答えが、聞く人が怪しい、と思っているから、とそれに合わせていうわけではなく、その答えが神のお告げである、と信じていう場合が多いから困りものなのである。

そのような問に答えて、犯人を指摘するような行者は、低い階層の人なので、真の神示も幽界の霊魂の念をも見分けができず、口から出る言葉は、すべて神のお告げだと信じているものである。だから、盗難など、そうした行者などに尋ねたりするものではなく、自己の心を省みて、何か心の間違いがあったらお許し下さいと、一人座して、神（守護霊、守護神）に祈るべきである。そうすれば、出るほうが、その人のためによければ、出てくるし、出ぬほうがその人のためになるなら、出て来ぬものなのである。物が失くなることより、右往左往《うおうさおう》して心を乱すほうが、よほど大きな損失である。その人に必要であるものは必ず返ってくるものである。私が、そうしたことを尋ねられたら、私はまず黙って祈ってやり、返るものなら、返る、返らぬ物なら、返らぬ、とはっきり答えるだけで、犯人のことなどには一言も触れぬことにしている。その盗られた、という因縁がなんであるかはわからなくとも、何かの因縁に違いないのだから、その因縁のため、人騒がせしたことを詫《わ》びながら、因縁の消え去ってゆくことを念じれば、大体盗られた物は返ってくるものである。禍《わざわい》を縁として、常に福に転じられるように心掛け、修練することが、人間にとって必要なことである。

問　亡《な》くなった親兄弟や知人の霊が、霊媒者に憑《か》かって、身振りをしたり、口をきいたりすることがあるものでしょうか。

答　勿論《もちろん》ある。あるけれども、それは、霊媒者、その者の程度とか、その時の状態とか、または、呼ばれている霊魂が、肉体界に全然興味がない時などは、憑《か》かって来ない時もあり、憑かったように見せかけても、実はにせ者であったりすることがある。どうして、にせ者等が憑かってくるかというと、その霊媒者に恥をかかせぬため、その霊媒者を、その背後から、コントロールしている支配霊《コントロール》が、相手（依頼者）の心の中を読み抜いて、Bなら、Bという死者の生前のくせを、真似《まね》て口をきくのである。その本者、にせ者は、とにかくとして、交霊の実際を一度や二度は見ておくことも、その人のためによい勉強になる、と思う。あまりに肉体迷信に捉《とら》われている現代において、肉体以外の世界があって、死者が生きて生活している、ということを識ることは、その人の肉体生活を緊張させ、心を清くせねばならぬことを、悟らせる契機になるに違いあるまい。そうした意味で、心霊研究は意義あるものと思う。ただし、これにも注意が肝要である。識ったら、いつまでも捉われぬことである。霊能者に逢って、自分も、そうした霊能が欲しいなどと絶対に思わぬことである。自己を高め、自己を救うものは、あくまで愛と真心と、愛を実践する勇気であることを忘れてはいけない。その他のことは、そうした心を養うための修練に過ぎぬのである。

愛と真心の道を進んで、もしや苦難に遇《あ》い、その道が誤りのように見え出した場合でも、神は決して、この人たちを見放しはしない。いつか必ず、道展《みちひら》く日が訪れるであろうことを確信することが、この人生を正しく生きてゆく上に、最も大事なことである。

世界平和の祈り

地球世界の人類は、今いったい幸福なのでしょうか不幸なのでしょうか。こういう問を出された大半の人は、地球世界は今不幸な状態です、と答えられることでしょう。

何故地球人類は不幸なのでしょう。それはこの世が争いの想いに充ち、不調和、不完全な状態にあるからです。

地球は今では全く狭くなって、米ソ、西欧諸国の政治政策はすぐさまアジア、アフリカ諸国にその影響を及ぼし、アジア、アフリカ諸国の出来事は、直ちに西欧や米ソに反響を与えます。

今日の個人の生活は、それがどうしても個人だけに止まっていることができず、国家や人類の動向に必然的に影響されてゆくのです。

ですから、今日の個人には単に個人としての生活はなく、個人の生活の浮き沈みは、国家や人類の動きに左右されざるを得ないのです。いかに有能な個人がただ単独でどのような働きをしたとしても、それで国家や人類が幸福になるということはできないので、国家や人類全体が、争いの想念や不調和、不完全の環境からぬけ出さないことには、個人個人の真実の幸福はあり得ない、ということになってきます。

今日の世界状勢は、どの国家間の状態を見ても、大戦争へのきざしを含んだ、不調和な無気味な雰囲気をもっています。ただ、いまだその雰囲気に火がつけられていない、というにすぎません。

いつ戦争が起こるかわからない。いつ天変地異があるかわからない。そういう地球世界の雰囲気の中で、真実の幸福生活をつかんでゆく、ということは、なかなか大変なことです。この世における個人の幸福は、どうしても世界人類の幸福と結びつかなければ生まれ出ないものなら、いっそこの際、個人と人類というものを一つに考えてみて、そういう観点から一切の行動をしていったらどうであろう、と私はこう考えたのです。

そこから、私の提唱している世界平和の祈りが生まれでたのです。

世界人類が平和であること、それは取りもなおさず、個人個人が平和な環境におられることであり、個人個人が平和な環境に生活できることは、世界人類の平和が成り立っているからであるということになります。

ところが現在は全くこの反対で、真実の平和は個人の心にも、世界人類の中にもまだ生まれでてはいないのです。この事実は、皆さんがこの世の姿や自分の心をみつめてみればすぐにわかることです。

個人も世界も、常に不安動揺しています。現在の個人の幸福は、それは一瞬一瞬の起伏の一齣《ひとこま》であって、永遠の生命につながる安定した幸福ではありません。

真実の幸福は、これから私達が協力してつくりあげてゆかねばならないのです。

永遠の生命に立脚しない、虚偽の幸福感などでは、この地球世界に真実の平和は打ち立てられません。

この地球人類を不幸にしている最大の原因は、自分たちが、一なる神（大生命）から分れてきている兄弟姉妹であることを忘れ果てて、自分と他人とは別のもの、という、神のいのちをひきさくような、人類愛にもとった生活をしはじめたことなのです。

そうした生活が今日では、習性となって、自他の差別観がぬきさしならぬ業《カルマ》の波動となり、人類全体を蔽ってしまって、自我欲望の想念となり、自分や自国の利益に反する他人や他国を敵視してしまうことになってしまったのです。

ですから、今日の社会生活、国際関係の中で、五人や十人の偉人が出て、真理にそった政治をしようとしても、業想念《カルマ》の波動が烈しすぎて、その真理を実行できずに終ってしまうのです。

どうしてかと申しますと、今日の世界は、もはや、少数の人びとの動きではどうにもならぬ時代となって来ているので、どうしても、多くの大衆の力が必要になってくるのです。大衆の力を総動員できる容易なる世界平和実現の道がどうしてもなければならないのです。人間誰しも世界平和を願わないものはないのですが、いったいどうしたら世界平和が実現するかは、この混迷した世界状勢の中での一般大衆にはわかりようがありません。そこで、なんらの苦労を伴わずにやさしく入れる世界平和への道が、絶対に必要になってくるのであります。

人間の心が、労せず巧まずして一つになる方法、自他の利害を区別せず、自然に自他一体観が確立できる方法、その方法が必要なのです。それには、各人の利害得失を想う想念を、一度どこかに投げ出させてしまわねばなりません。それが世界平和の祈りなのです。

私は人間とその生き方については、次のように思っており、実行しております。

――人間の真実の姿は、業生《ごうしょう》ではなく、神の分生命（分霊《わけみたま》）であって、常に祖先の悟った霊である守護霊と、守護神（天使）によって守られているものである。

この世の中のすべての苦悩は、人間の過去世から現在に至る誤った想念が、その運命と現われて消えてゆく時に起こる姿である。

いかなる苦悩といえど、現われれば必ず消えるものであるから、消え去るのであるという強い信念と、今からよくなるのであるという善念を起こし、どんな困難の中にあっても、自分を赦し、人を赦し、自分を愛し、人を愛す、愛と真《まこと》と赦しの言行をなしつづけてゆくと共に、守護霊、守護神への感謝の心を常に想い、世界平和の祈りをつづけてゆけば、個人も人類も真の救いを体得できるものである――

とこのように想っているのです。

世界人類が平和でありますように
日本が平和でありますように
私たちの天命が完うされますように
守護霊さん、
守護神さん、有難うございます

こうしたやさしい唱え言の中に、自分たちのあらゆる想念を投げ入れて、その祈りの中から改めて、自分たちの生活をつづけてゆきますと、いつの間にか、個人的な排他的な気持ちが薄れて、世界人類の幸福を願う、人類愛の気持ちが湧きあがってきて、いつとはなく、その個人の人格も完成してゆき、世界平和への個人の最大の行為である、個人生活での調和なしらべが奏《かな》でられてゆくのです。

個人の生活が平和になると共に、人類世界の平和達成に大きな役割を果す、世界平和の祈りこそ、現在世界中において最も必要なる善事であろうと思います。

著者紹介：**五井昌久**（ごいまさひさ）
大正５年東京に生まれる。昭和24年神我一体を経験し、覚者となる。白光真宏会を主宰、祈りによる世界平和運動を提唱して、国内国外に共鳴者多数。昭和55年８月帰神（逝去）する。著書に『神と人間』『天と地をつなぐ者』『小説阿難』『老子講義』『聖書講義』等多数。

発行所案内：**白光**（びゃっこう）とは純潔無礙なる澄み清まった光、人間の高い境地から発する光をいう。白光真宏会出版本部は、この白光を自己のものとして働く菩薩心そのものの人間を育てるための出版物を世に送ることをその使命としている。この使命達成の一助として月刊誌「白光」を発行している。

白光真宏会出版本部ホームページ
https://www.byakkopress.ne.jp/

白光真宏会ホームページ
https://www.byakko.or.jp/

文庫版 **神と人間** 安心立命への道しるべ

昭和二十八年五月二十日 初 版
令和 六 年七月三十日 改訂十一版

著 者 五井昌久
発行者 吉川 譲
発行所 白光真宏会出版本部
〒418-0102 静岡県富士宮市人穴八一二－一
電 話 〇五四四（二九）五一〇九
FAX 〇五四四（二九）五一二二
振 替 〇〇一八〇・八・一六七六二

印刷・製本 株式会社 明徳

乱丁・落丁はお取り替えいたします。
定価はカバーに表示してあります。

ISBN978-4-89214-221-5 C0114